ママがせんせい

食べてほしいもの・守ってほしいこと

小林カツ代

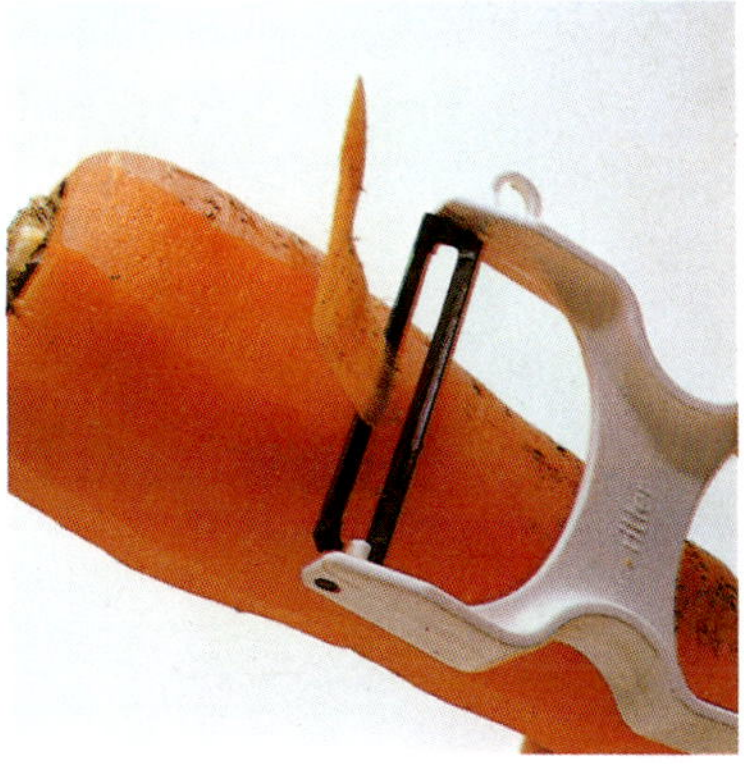

復刊ドットコム

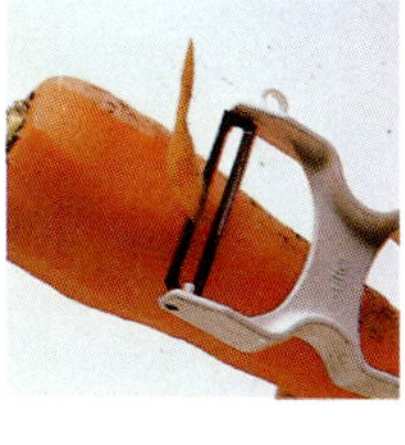

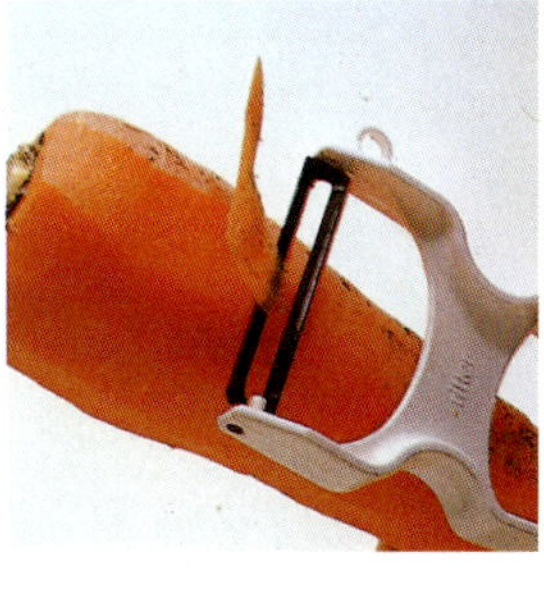

ママがせんせい——もくじ

食べてほしいもの——

守ってほしいこと——

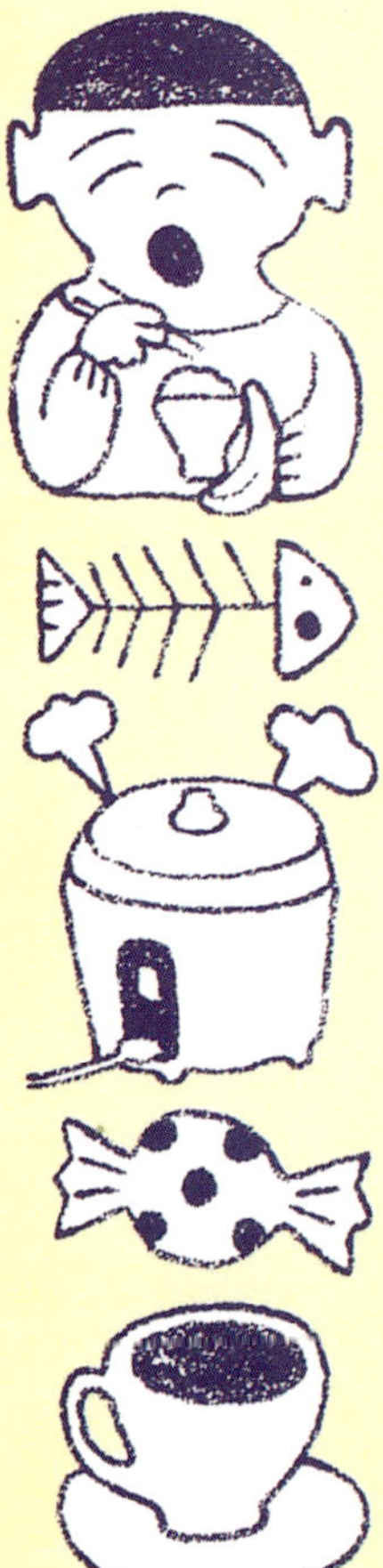

自分で作る・ためす

季節の流れの中で

撮影=高田隆　イラストレーション=林恭三　装幀・本文構成=志村和信

ゆでると色がきれいになるもの

野菜の美しさを子供の目で

お宅のお子さんはまだ小さいのでしょうか？　小さいときほど、子供って台所にウロチョロ入ってきたがりますね。そこで、たいていのママは、

「あぶないから来ちゃだめよ」

といってしまいます。でもそんなとき危険のないように充分配慮しながら、台所にあるいろいろなもの、そして台所で起こるいろいろなことをぜひ見せてやってほしいのです。

自然の持つすばらしさというのでしょうか、料理の素材ほど変化していくものはほかにそうあるものではありませんね。みるみる変わっていくのですもの。

たとえば、ここに登場したお野菜たち。このままでもきれいな色ですが、熱いお湯に入れるとあざやかで、より美しい色に変わっていきますね。おとなには見慣れていることで、別にどうってことはありません。でも、もしこれが生まれて初めて見るものでしたらおとなだってきっと「ほー」と感嘆することでしょう。まして小さい子供が幼い目で、生のお野菜がゆでると美しい色に変わっておいしい料理に変身していくさまをしっかりと捕えたら、食事に対しての感じ方もずいぶん違ってくると思います。

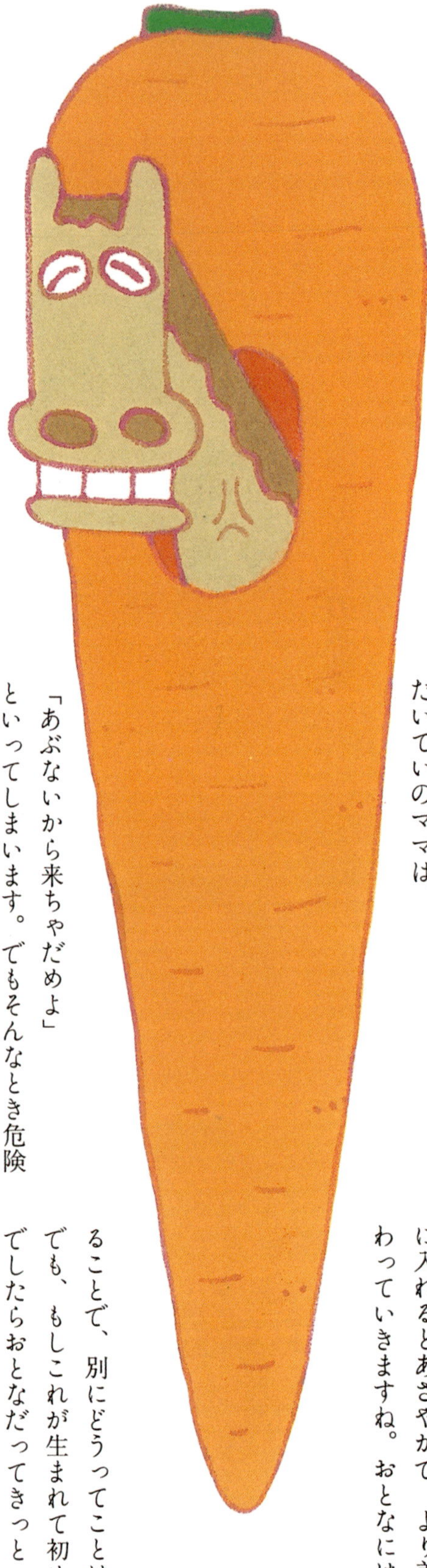

●ポパイのにんじん

ポパイはほうれん草が大好きだけれど、にんじんもきっと好きだったのよ、といって作ったもの。適宜に切ったにんじん1本をなべに入れ、ひたひたの水と固型ブイヨンを加え、サラダ油をポトンと落として柔らかく煮ました。

「にんじんをゆでたら、ほら、もっともっときれいな色になるでしょ」

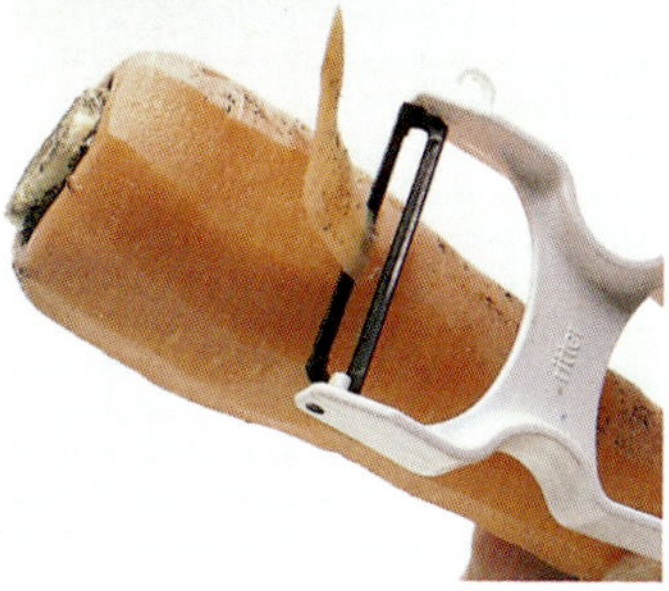

「ちょっと見てごらん、にんじんって皮をむくともっときれいなオレンジ色なのよ」

ポパイのにんじん

ときには抱き上げておなべの中をのぞかせながら、その様子を話してやってください。感動って、こんなにげないところにいっぱいあります。小さい胸に大きな驚きを、幼い心は持ってくれるのです。

さあーて中はどんなかな、と

また野菜の中で、外側と中身がとても違うものもあります。たとえばかぼちゃなど、外はゴツゴツで、色もくすみ気味、でも切ってみると、中はオレンジ色でとてもきれい。

ピーマンもそう。中身はからっぽだけど、種の様子がおもしろい。ゆでるときだけでなくて、野菜を切るときも子供に見せてやります。

これにも小さい驚きを示すことでしょう。でもね、ただ黙々と切るだけでは駄目ですよ。「さーて中はどんな風になってるかなア」と、期待をもたせることもお忘れなく。

ここでは、ゆでたにんじんとほうれん草を使ったお料理をご紹介します。野菜の色の変化もよくわかりますし、わが家では、おとなにはもちろん、子供たちにも大好評のものです。

●ほうれん草とコーンのサラダ

青菜やにんじんは油といっしょにとるとカロチンの吸収がよいので栄養的効果が高まります。かん詰めのコーンと、ゆでたほうれん草をフレンチドレッシングであえただけのものですが、コーンを入れたことで味がまろやかになります。緑と黄色の組み合わせがたいそうきれいです。

ほうれん草とコーンのサラダ

「ほうれん草はね、ブツブツいってるお湯にお塩をすこし入れてからゆでるの」

「ゆでたあとは冷たいお水に入れるのよ。きれいな緑色になったでしょ」

黄身のまわりの透明な
にょろにょろしたものは、
ゆで卵の白身になるところ。

カチカチの殻を着た卵の中身

目の前でポンと割って見せて

「ちょっと来てごらん」

例によって子供たちを台所に呼んだのは、うちの子が何歳ぐらいのときだったでしょうか。まだとても小さかったように思います。

調理台に手をかけて首を伸ばし、何事が始まるかを待つその目。

「卵ってほらカチカチでしょう。それがね、割ると中からにょろにょろとしたすごーく柔らかくて透き通ったのと丸い黄色いのが出てくるのよ」

調理台でコンコンと卵を打って、ポン！と割って見せました。

「ほんとだァ。ママこれなァに?」

白身である透明のにょろにょろしたものを指さして聞きます。

「これが不思議でね、煮たり焼いたりするとまっ白になるの。ゆで卵の白いところがこれよ」

「ふーん」と二人の幼い子供たちは感心しきって見ていたものです。割るのを見て以来、「やらせて、やらせて」とねだります。ずいぶんやらせました。今はもう小学生ですから、とてもじょうずに割ります。

自然のすばらしさを伝えたい

ゆで卵を切って見せることもしました。外側はまっ白なのに、切るとまん中には黄色の玉。その白と黄のコントラストの美しさ。自然ってなんて美しいのでしょうね。

たかがゆで卵、となんにも感じないで通り過ぎてしまうかもしれません。でも、ゆでた卵に目鼻をつけたり、ギザギザに切って

ゆで卵の中身。器具を使えばこのとおり。

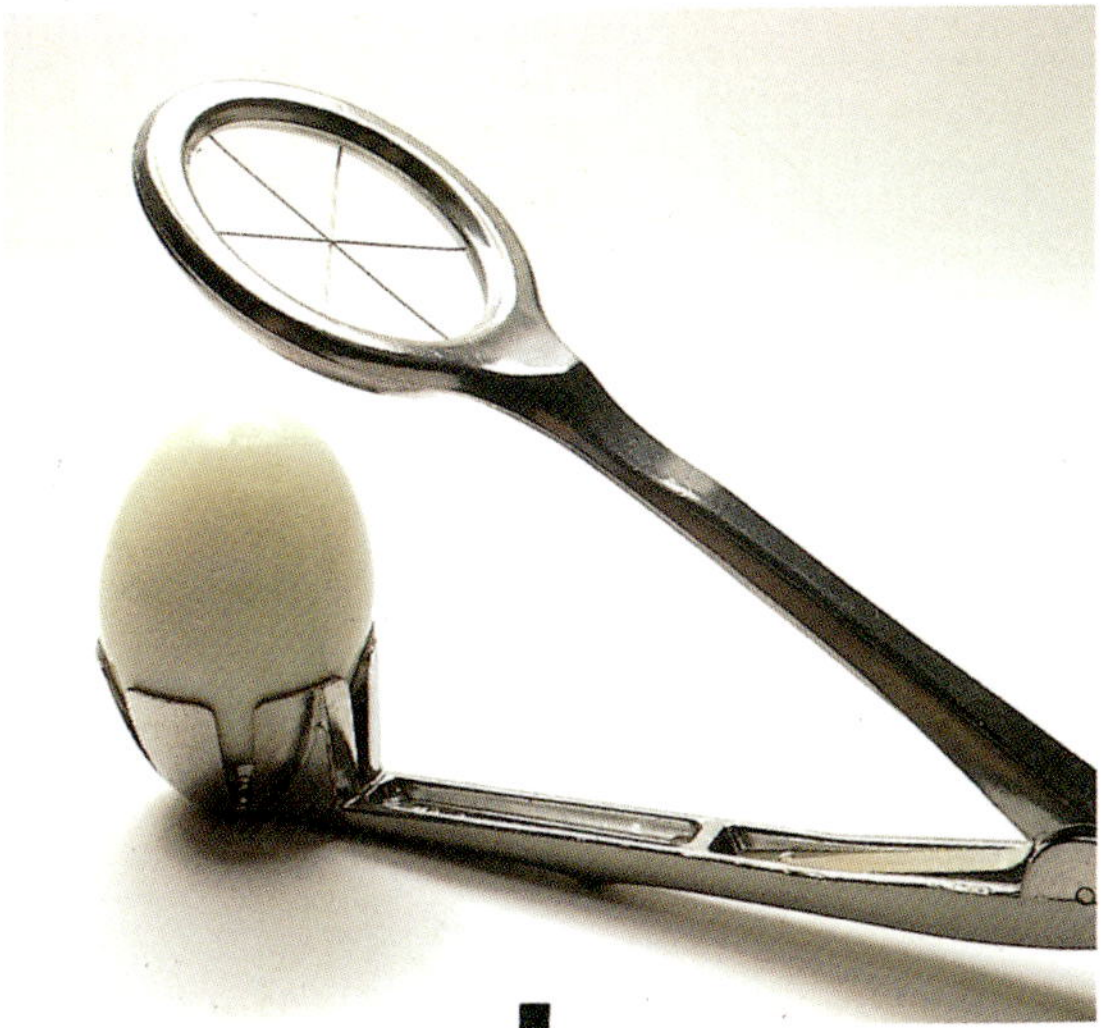

ゆで卵は包丁を使わなくても糸だけできれいに切れるので、子供でも安心。切ったあとの白身と黄身のコントラストが美しい。

1

花形に細工したりすることよりも、素材そのものを見せることによって自然の持つすばらしさを伝えたいと思うのです。

　卵は子供と大の仲よし。朝の食卓に卵料理がしばしば登場しますし、お弁当のおかずでもおなじみのものです。だからこそ、殻はカチカチだけど、割ると中からにょろにょろとしたものが出てきて、それをよく混ぜてからいためると全体が黄色になるし、ゆでると白と黄の二色になる、といったことにも素通りせずにちょっと立ち止まって目を向けてほしいのです。その変わっていく卵の様子は、子供の心になにか残すものがあるのではないでしょうか。

◀スタッフドエッグ

　かたゆで卵4個を横半分に切り、黄身をとり出してフォークでよくつぶします。マヨネーズ大さじ3を加えて混ぜ合わせます。白身をケースにし、調味した黄身をしぼり入れるか、スプーンで形よく詰めるかします。仕上げにパセリのみじん切りをパラリとふります。

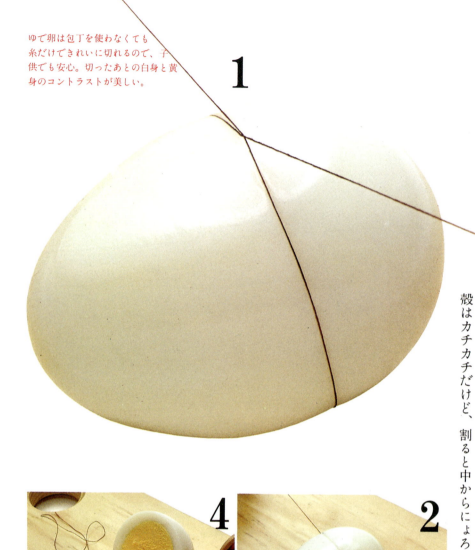

野菜からお菓子が作れます

かぼちゃのパイはパンプキンパイ

〝かぼちゃのパイ〟なんていうと、私の子供のころだと、「えーっ?」という感じでしたが、今ではかなりおなじみになりました。それでもまだ、そんなの知らないという子もあるでしょう。

英語でかぼちゃのパイのことを〝パンプキンパイ〟といいます。ごろがいいので子供はすぐに覚えます。〝かぼちゃパイ〟というとあまりおいしそうには聞こえませんが、♫パンプキンパイ♫というと、アクセントがどこか音楽的なので、なんとなくとてもおいしそうに聞こえませんか?

わが家では、「今夜のおかずはかぼちゃの煮っころがしよ」なんていうとあまり喜び

材料（直径18～20㌢のパイ皿1枚分）

パイ皮	ビスケット（あまり甘くないもの）…約15枚（つぶして約1カップ強）
	バター（またはマーガリン）55㌘
中身	かぼちゃ（冷凍でもよい）300㌘
	砂糖……………………80㌘
	小麦粉……………大さじ1
	シナモン……………小さじ1
	ナツメグ・塩…………各少量
	卵……………………2個
	牛乳…………………1/2カップ
	生クリーム（または牛乳）…1/3カップ
	バニラエッセンス………少量

●パンプキンパイ

①ビスケットはすりばちに入れてすりこ木で細かく砕き、とかしバターを加えてよく混ぜ合わせる。

②①をパイ皿の底に手でまんべんなく押しつけながらきれいにはりつける。冷蔵庫で冷やしておく。

③かぼちゃは適当な大きさに切り、皮を下にして蒸し器に並べ、柔らかくなるまで蒸す。皮を除いてボールにとり、マッシャー（なければすりこ木）でつぶす。さらにすりこ木でていねいにつぶし、砂糖を加えて混ぜ合わせる。

④小麦粉、シナモン、ナツメグ、塩を混ぜ合わせて③に加え、木じゃくしでよく混ぜる。といた卵、牛乳、生クリーム、バニラエッセンスを次々に加え、あわ立て器で全体を混ぜ合わせてなめらかにする（ミキサーにかけてもよい。その場合は、水分の多いものから順に材料を加える）。

⑤これを②のパイ皿の中に流し込み、200度に熱した天火の中段で約30～40分焼く。

ませんが、パイにすると大大好き。
もしお宅のお子さんがかぼちゃぎらいなら、初めはかぼちゃで作ったことをないしょにしておいたほうがいいかも……。気に入った！ってわかったら、「実はこれ、かぼちゃ」って打ち明けてもいいでしょうけど。

にんじんを初めてお菓子に入れた人って誰かしら？母親として感謝します。にんじんを使ったお菓子はとってもおいしいし、子供のおやつにもうってつけ。

ここに紹介する、オーブンなしでできる蒸しパン風のキャロットカステラも、わが家の人気もの。にんじんぎらいもにんじん好きも、きっと気に入ると思います。

太陽のにおいがいっぱい

機会があれば子供たちにかぼちゃやにんじんが育つ畑をぜひ見せたいですね。ほんとに美しい花を咲かせるのですもの。

パンプキンパイは自然の恵み、大地の恵み、太陽のにおいがします。

「お野菜からね、おいしいお菓子がいっぱい作れるの。さつま芋でスイートポテトやポテトパイ、にんじんでクッキーやカステラ。かぼちゃだって負けてはいられないわ、オレンジ色のパイが焼けるんですもの！」

材料(ボール形の網ざる1個分)

卵	4個
小麦粉	1 1/2カップ
砂糖	大さじ6
にんじん	100グラム(小1本)
ベーキングパウダー	小さじ1
レモン汁・レモン皮	少量

●キャロットカステラ

①小麦粉とベーキングパウダーはよく混ぜ合わせてふるっておく。

②にんじんは、細くて小さめのせん切りにして、レモン汁・きざんだレモン皮と混ぜておく。

③卵は卵白と卵黄を分ける。

④大きめのボールに卵黄と砂糖大さじ5をよく合わせる。

⑤卵白をよく泡立てたら、大さじ1の砂糖を入れて力強くかき混ぜ、泡を均一にする。

⑥⑤を④に2、3回に分けて加える。加えるごとに卵白はかきたてること。

⑦①の小麦粉と、②のにんじんを⑥に加え、底から木しゃもじでよく混ぜる。力は入れないこと。

⑧ボール型のザルにかたくしぼったふきんをしいて⑦のたねを流し、よく蒸気の立っている蒸し器で20～30分蒸す。竹串をさしてたねがついてこなかったらでき上がり。

お芋を毎日食べていますか

なつかしい味〝さつま芋ご飯〟

お芋って、毎日食べたいすぐれた食品の一つです。お芋と簡単にいっても、じゃが芋、里芋、さつま芋、長芋、いちょう芋、エトセトラ。その中で私たちの食卓に最もよくのせられるお芋といえば、じゃが芋ではないかしら。

わが家でも人気ナンバーワンの芋類はじゃが芋。里芋は皮のままただ蒸しただけのきぬかつぎだといくらでも食べます。長芋、いちょう芋のたぐいはとろろがなによりですが、食べているうちに子供たちは口のまわりがかゆくなってくる点だけが難点。さつま芋はお芋掘りという楽しみを持つ機会があり、自分たちが掘ってきたものはことのほかおいしく感じるようです。さつま芋の料理やお菓子は数えきれぬほどありますが、最も素朴でシンプルな食べ方の一つである〝さつま芋ご飯〟といったものは忘れられがちになりました。

こういったもののおいしさがだんだんと私たちの食卓から消えていくのは寂しく、私はたまに（ここがたいせつ）この〝さつま芋ご飯〟を夕食に堂々と作ります。すると子供たちは喜んで食べるのです。

長芋
里芋
だんしゃく芋
メイクィーン
いちょう芋

近ごろの食事は繊維が少なく、パンなどはわざわざフスマなどの繊維質を混ぜて売り出すくらいです。なにもそんなものを買わなくても、さつま芋を心して食べていたらごく自然に繊維がからだに入り、整腸を促すものとしても申しぶんないでしょう。

とり肉のから揚げとよい相性

さつま芋ご飯のうれしいところは、子供たちの大好きなとり肉のから揚げととてもよく合うことです。いっしょに食べると、どちらもがほんとにおいしく感じられるんですよ。このときのとり肉のから揚げは和風か中国風の味つけがいいのです。これに緑の野菜と汁物があればりっぱな献立。

写真のご飯に入っているさつま芋は縦四つに切ったのを小学生の息子が細かく切ったものです。細かくないのもあったりして風情《ふぜい》のあるご飯ができました。お芋がごーろごろ入っています。皮はそのままですがちっとも気になりません。むしろこのほうがきれい。

また、わが家ではときどきお芋の切れ端も捨てずに水栽培にして楽しんでいます。

お芋のしっぽの緑を観賞しつつ皮つきお芋のご飯を食べるなんて……。お芋には全くなーんにも捨てるところなし。

◀さつま芋ご飯のある献立　子供の大好きなとり肉のから揚げとのおいしい組み合わせ。

さつま芋ご飯

米2カップに対してさつま芋300グラムぐらい。

ご飯は普通に水かげんをして、7～8ミリ厚さのいちょう切りにしたさつま芋、酒大さじ1、塩小さじ½を加えて炊きます。食べるときに黒いりごまをふって味のアクセントに。

さつま芋の切れ端の水栽培。切り口を水に浸しておくと、気候にもよりますが、三～五日で芽が伸びて葉が出はじめます。窓べなどに置いて観葉植物に。

おはしを正しく持てますか

あなたはだいじょうぶ？

近ごろ気になるのは、人さまのおはしの持ち方です。人さまではなくて子供の、といいたいところですが、子供に限らず、中・高・大学生からおとなに至るまで、まちがった持ち方をしている人のなんと多いことでしょう。

本人にとって不自由でなければいいではないかと反論されそうですからおとなには口を出しませんが、せめて子供たちには小さいうちから、それもおはしを持つようになる時点から親は心をくばってやってほしいのです。

スプーンやフォークからいきなりおはしというむずかしいものを持つのですから、ほんの初めは握りばし(写真1)でもしかたがないかもしれません。でも、幼稚園生になってもまだ握りばしのままという子がけっこういるのです。これは困ります。握りばしはごく当初のみにとどめ、あとはおりに触れて、たとえすぐにはできなくても、根気よく、正しい持ち方を教えていくことです。

直すのは小さいときほど楽

例によって手のモデルはうちの息子健太郎ですが、彼には幼いころに少し苦労をさせてしまいました。というのは、年子の上の子は教えることもなくすぐに正しいはし使いをしましたから、健太郎のほうもちゃんと持っているように見えていたのです。早くからおはしを使いたがりましたし、たいへん器用にものをはさんでいたので、いかにもはし使いがじょうずに見えたのでした。

ところがあるとき、彼の手元を見ていた夫が「ちょっと変だ」といい出したのです。そういわれてもすぐにはわからなかったくらいでした。それが写真4の、一見正しく見える持ち方です。おはしを開くときは中指を使うのが正しい使い方ですが、彼は人さし指を使っていました。

◀いろいろな材質の子供用のはし

下から三ぜんが竹製。その上左側六ぜんが木製。
その右四ぜんがプラスチック製。
右端はプラスチックの部分と木の部分とから成るもの。
子供がまだ小さいうちは木製か竹製（塗りでないもの）のおはしを。
すべりにくくて使いやすい。

5−○

手も指もまだ小さかったので、全く気がつきませんでした。二歳の終わりか三歳の初めのころだったでしょうか。すっかり慣れていた持ち方でしたから、直すのは容易ではありませんでした。食べるのが大好きでいつもにこにこおはしを持っていたのに、今度は食事のたびに注意され、自分でも思うように持てなくて、涙をこぼしながら食事をすることもありました。

正しい持ち方は食べやすい

やっと正しい持ち方ができるようになって、はし使いも自由自在になったとき、「ママ、このほうがずっとずっと食べやすいよ」とうれしそうにいったものです。

あんなに小さいときでさえたいへんなのですから、成長してからでは直すのはもっとたいへんです。大きなからだで妙なはし使いをしながら苦労してものをはさんでいる高校生などを見ると、ほんとうに切なくなります。この際、お子さんのはし使いをぜひ点検して、そしておかしかったら、今すぐ直すようにしてください。ついでに、おとなも……。

はしの持ち方はさまざま。

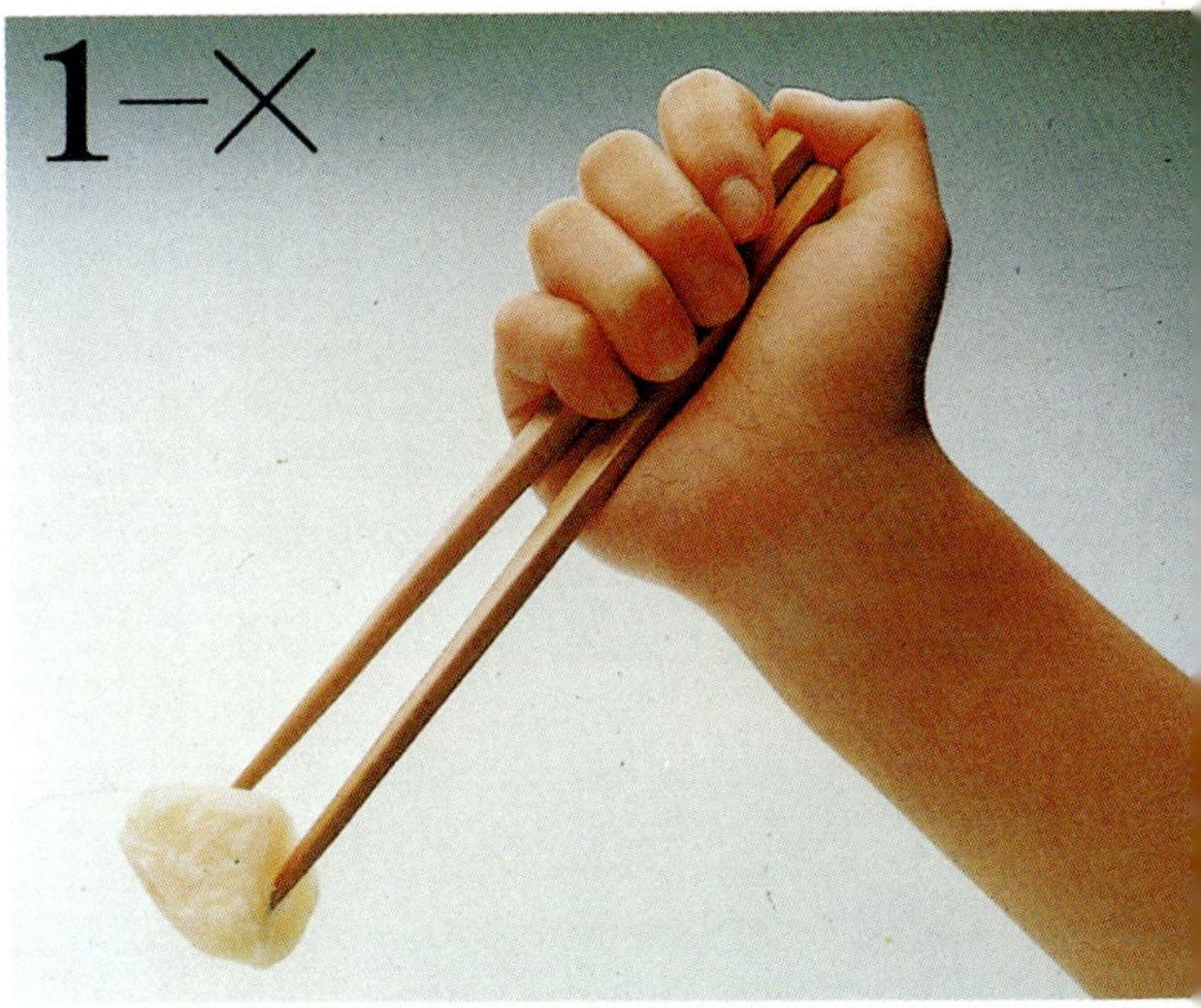

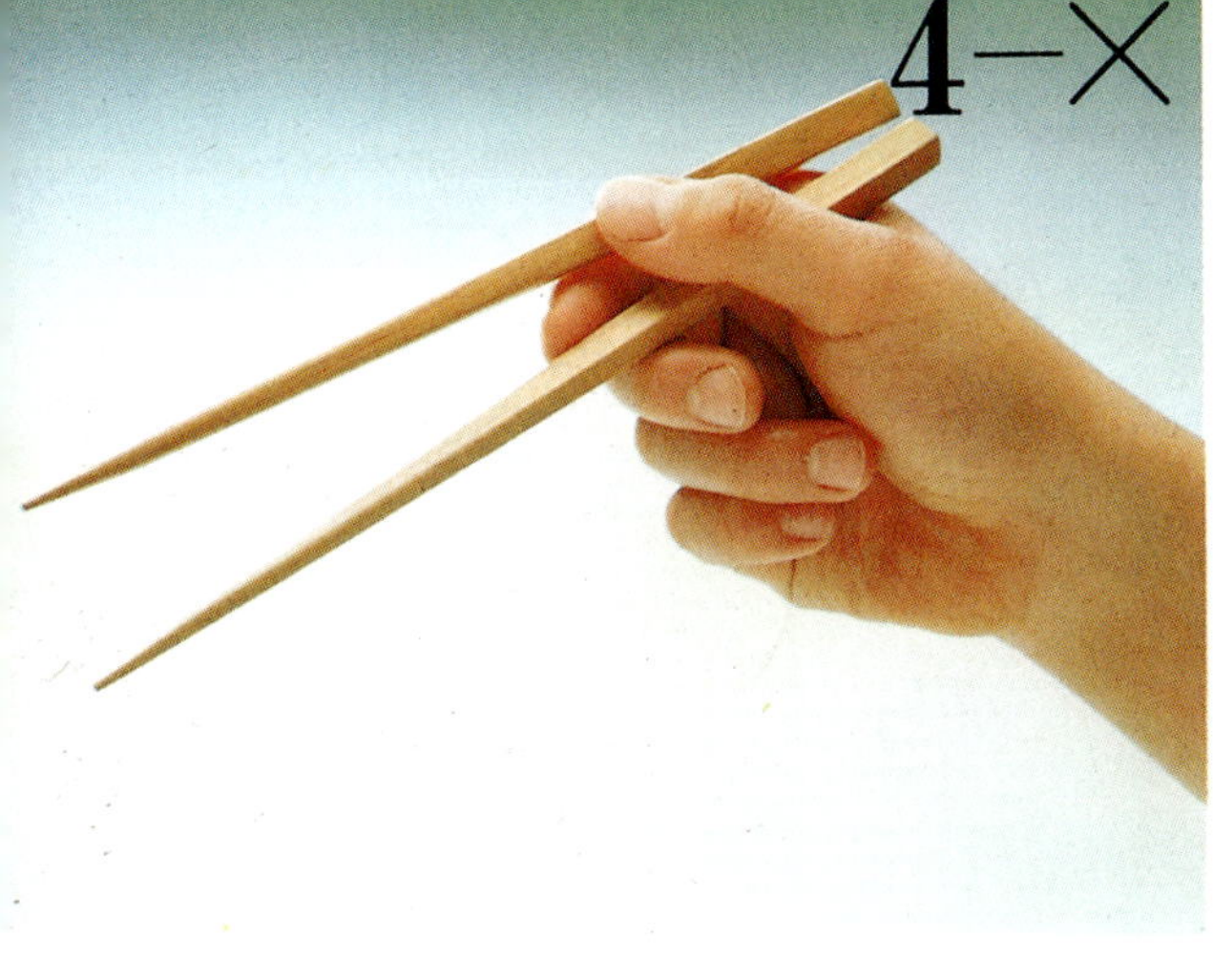

お茶わんも正しく持っていますか

お茶わんの持ち方のことまで?

おはしの持ち方は、いわれてみればなるほどそうか、と関心を持ちやすいものですが、お茶わんやおわんとなると、そんなことまで? といわれそうです。でも、お茶わんやおわんの持ち方が悪かったら、いくらおはしを正しく持っていてもだいなしです。

小さい子に多いのが、写真1の親指と中指でお茶わんをささえ、人さし指でつまみ上げるという持ち方です。子供の手に比べてお茶わんが大きいと親指が届かないので、ついこのように人さし指でつまみ上げてしまうようです。

いやいや、子供だけでなく、外で食事をしたときなどに見かけるのは、右手におはしを握ったまま、同じ右手の人さし指でひょいとおわんをつまみ上げて汁を飲む……といったおとなの姿です。そういう人がかなり多いのです。

子供の手に合ったものを

お茶わんの持ち方も、人さまのを見てみると、ちゃんとした持ち方をしている人は意外に少ないものです。これも子供のときのしつけが大きくものをいうのでしょう。

それにはまず、お茶わんやおわんも、子供の手に合った、正しく持ちやすいものを

1—×

マンガ入りの子供用の茶わんだけでなく、おとな用でもあまり重くない浅めで小ぶりの茶わんなら子供にも向く。下の右側の二個はプラスチック製。上の横四個は子供用のわん。わんの大きさや深さにも気をつけたいもの。

選ぶ必要があります。大きめや深めのお茶わんですと、子供の親指と人さし指ではうまくささえられません。子供のお茶わんにふさわしいのは、やや浅型で小さめ、そして薄手でないもののほうがいいでしょう。

私の好みとしては、子供の食器によくあるマンガ入りのプラスチック食器はきらいです。子供の手でもあの重量では軽すぎて不安定ですし、持ったときになにか暖かみが伝わらないような気がするのです。

お茶わんの持ち方どころか、お茶わんを全く持たないで、背中を丸めながらお茶わんにくっつくようにして食べているおとなもあり、お茶わん一つをとってみても食べ方は実にさまざまなものです。

茶わんの持ち方もさまざま。

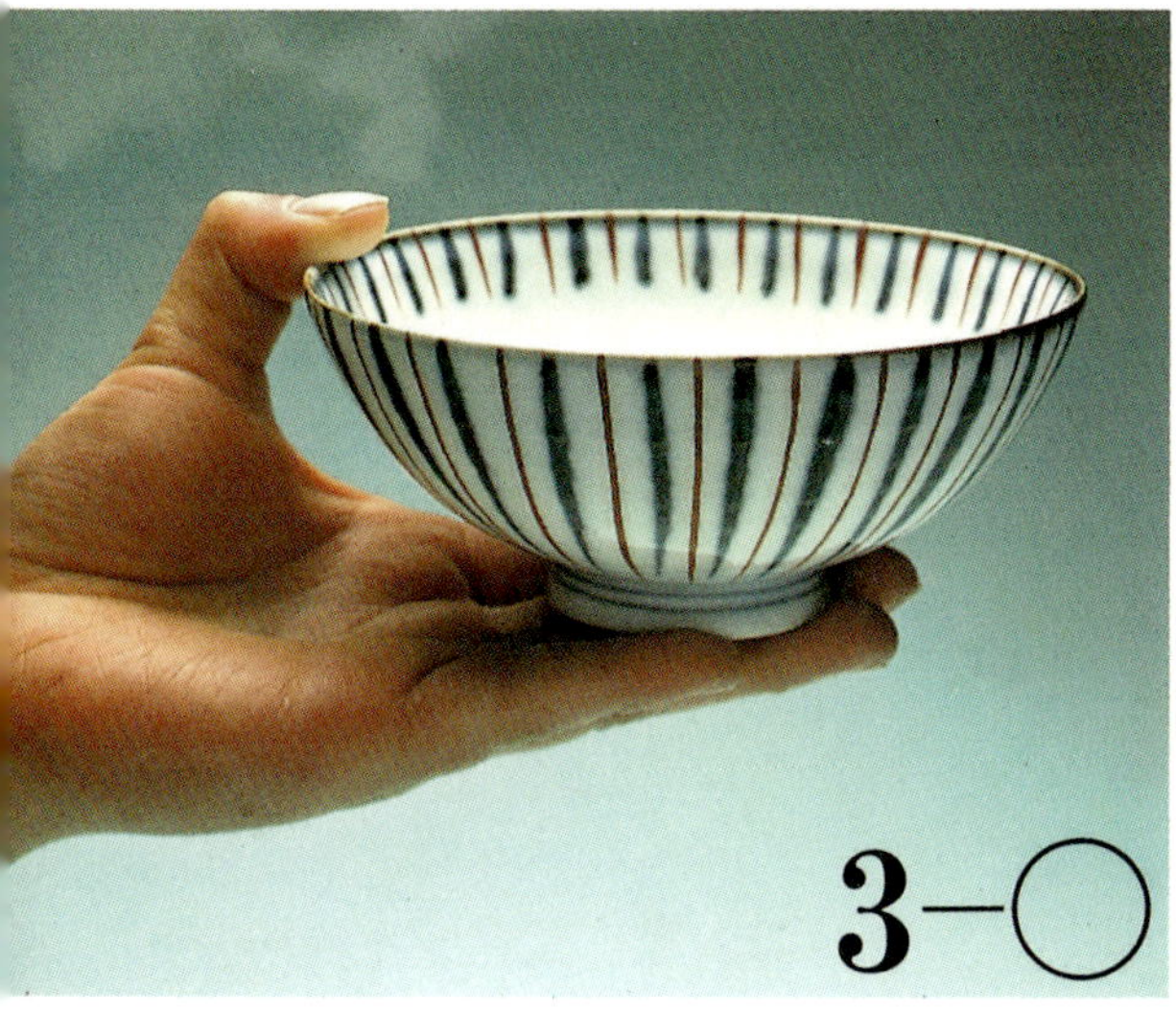

骨つきの魚っておもしろい

骨つきの魚だからイヤ？

お宅のお子さんは魚が好きですか？　骨つきのものでも食べられますか？

　ある大学でなにかお祝いごとがあり、お赤飯と焼き魚が出たんですって。そしたらほとんどの学生が魚のほうに手をつけず、つけてもちょいと身をむしっただけ。そんな話を聞くと、私などは単純に「よほど鮮度が悪くてまずかったんだナ」と思うのですが、そうではなくて、骨がついていたからですと。小さい尾頭《おかしら》つきのタイだったそうで、確かに頭からシッポの先まで骨だらけ。

　魚そのものにも魅力がないのかもしれないけれど、それにしても情けないではありませんか、骨がついているからイヤだなんては。

　そこに出席した学生さんの話では、食べられない人たちはおはしがちゃんと持てない人たちだったとのこと。焼き魚は時間がたつと身がしまってかたくなるでしょう。ましてタイだとなおのこと。おはしがしっかり持てないと、身をほぐすのすらできません。彼女はスイスイと身をほぐし、他の人は少しやってみてさじを投げたという感じだったそうです。

　なるほど、魚を食べることと、おはしを正しく持つことは実に深い関係があるのですね。おはしを正しく持てないと、骨つき魚をちゃんと食べることはできないということです。これは大いなる発見でした。

おはしを正しく持ってから

子供がうんと小さいときには骨をとり除いてやらないと危険ですが、少し大きくなれば(幼稚園年少組ごろから)やらせます。おもしろがってやりますよ。ただし、その前に正しいおはしの持ち方を教えて。

この写真にある魚の食べ方は正しい食べ方というより、子供が食べやすい食べ方です。魚はイワシとかサンマが練習用として最も向いています。身が骨からおもしろいようにスルリとはずれるし、もし小骨がひっかかったとしても、ご飯をあまりかまずにゴクンと飲み込めばどうってこともないからです。

写真のイワシは塩焼きではなく、ムニエルにしました。塩、こしょうして薄く小麦粉をまぶしつけ、油かバターで焼きます。ムニエルのほうが焦げ焦げにならず、中までじっくりと焼けるし、フレーバーもあって子供には食べやすいものです。

骨つき魚が食べられるようになると子供のほうから、「ママ、骨は自分でとるよ」っていい出しますよ。それに、そうなると魚のほんとうのおいしさもわかってくるようです。

子供が食べやすい魚の食べ方

盛りつけは頭が左、腹が手前。

上身を食べる。

中骨をはずす。

下身を食べる。

5

きれいな食べ終わり

1 乾いた手で米びつから

2 お米をはかって内がまに入れる。

3 お米を洗う。

4 水を流すときは、くぼませた右手のひらで受けてお米を流さないように。

ご飯はひとりで炊けますか

チャンスは逃がすべからず

子供って、幼いときほどなにやかやと台所に来ては手を出したがります。こちらが手伝わせたいと思う年齢になったら、今度はもう子供のほうにその気がなくて遊びに夢中。世の中うまくいきません。そこで、ちょこまかとやりたがったらその機を逃がすべからず。

ただし、初めからじょうずにやらせようと思っても無理。かえってメチャメチャにされることを覚悟でなくてはなりません。子供は成長するにつれてどんなことでも必ずじょうずになっていきます。まだ小さいからなどといわずに、できるだけやらせることです。

息子がまだ二歳になるかならぬかのときのこと。私がお米をはかっていたら、ヨチヨチ歩きでやって来て自分もやりたがりました。そこで、お米をシャーと内がまに入れることだけをやらせますとても喜びました。そのうちにお米をはかることもできるようになり、三、四歳ではお米を洗うところまで充分にできるようになりました。

小さい子供にもできる方法

まず、子供の高さに適するように流しの前に、しっかりとした踏み台になるものを置きます。流しの上では、水を張った洗いおけの上にまな板を渡し、その上に内がまを置くなどして、お米を洗うときに内がまが安定するようにしてやります。まずはおかあさんが洗い方の見本を見せることからです。水がきれいになるまでなんていわないでくださいね。三回ほど水が流せれば上できです。とぐのは混ぜるだけでもいいし、それだっておもしろがってはかどらないかもしれません。洗った水を流すときなんて、初めはお米を流しているのでは？　と思うくらいへたです。

でも、台所の手伝いの第一歩はお米を洗うこと。ここまでできたら、目盛りまで水

5 これを３回ほどくりかえす。

6 目盛りのところまで水を入れる。

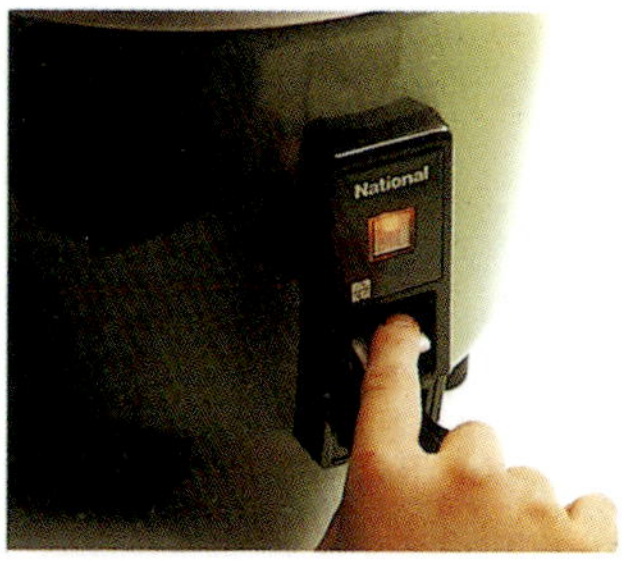

7 内がまを炊飯器に入れて、スイッチ・オン。

8 でき上がり。ふたをあけるのは10分ほど蒸らしてから。

9 あつあつご飯はママがほぐしても……。

10 ご飯をお茶わんに盛る。

ある日の朝食献立。お茶わんは汁わんの左て

を加え、炊飯器に入れるところまで教えます。

炊き上がって食べるときは、「じょうずに洗えているからおいしいわね」と必ずほめることを忘れてはなりません。今ではお米洗いは子供たちにすっかり任せています。

ピラフ作りもひとりでできる

電気がまでご飯が炊けるようになったら、簡単なピラフぐらい、子供だけで作れます。包丁も火も使わないで、とってもおいしいピラフができるのです。

お米をとぐまではご飯のときとまったく同じ。これに塩とカレー粉を各小さじ1、とり肉のこま切れ一五〇《グラム》と冷凍ミックスベジタブル二分の一《カップ》、香り出しに親指大のバターを加えてスイッチ・オン。あとは炊き上がるのを待つだけです。

私が病気したとき、子供たちはこれを作ってくれてとても助かったものです。手でちぎったレタスや、きゅうりをすりこぎでたたいてから手でさいたのなど混ぜたサラダも子供だけで作れるので、これも添えてありました。

こういう簡単な子供だけで作れるものが一、二品あると、いざというとき、大助かりしますよ。

食卓作りの基本も盛り込んで

子供にとって、お米洗いよりずっとむずかしいのは、ご飯をお茶わんに盛ること。

ご飯を蒸らしてから、ほぐしてお茶わんに一人分ずつ盛りつけることができるようになるのは、早くて幼稚園くらい。熱いご飯はやけどの心配があるので、無理に早くからさせることもないでしょう。小学生からでもいいと思います。ご飯を盛りつけたら、お茶わんは汁わんの左に置くことを教えます。こういった食卓作りの基本も、さりげなく日々の生活の中で教えていきたいものです。

ガス炊飯器でも手順は同じです。

胚芽精米なら一度洗う程度、水かげんは柔らかめの表示に合わせます。スイッチが切れたら、再びスイッチを入れて炊き時間を延長します。

炊く前の、水につけておく時間も、胚芽精米は少し長いほうがよいようです。最低三〇分は浸水させて炊くほうがふっくらします。そんなことも子供に教えておきますと、少し大きくなればお米の使い分けもしてくれます。急ぐときは普通のお米、時間があれば胚芽精米ねって……。

かんたんピラフ

おやつの時間を決めていますか

　子供のおやつというのは手作りがいちばんとされていますが、子供にとってはそればかりがうれしいわけではありません。市販のものだって食べたい気持ち、わかります。手作りのおやつと市販のお菓子をうまく選び、子供の一日の楽しみとしてやりた

おやつは決まった時間に

　外で遊んでまっ黒になって帰ってくると、なによりも先に、「ママおやつはァ!?」と大きな声。

　子供たちの学校がお休みに入ると、お菓子や飲み物を食べたり飲んだりする機会が多くなったりしませんか。

　うちの子供たちは、現在小学生ですが、今でもおやつの時間は決めています。それ以外の時間にお菓子類は食べないようにしていますが、かえってそのほうが子供たちには楽しみが大きいようです。

ポコポコドーナツ

メロンヨーグルト

お芋のまる揚げ

にんじんクッキー

いちごの簡単アイスクリーム

いものです。

「食べたら歯を洗う」は常識

甘いものや既製品はいっさい子供に食べさせない、という徹底した子育てをしている人もありますが、おやつは子供にとっては人生の楽しみです。

むろん歯にくっつきやすいお菓子、ヌガー、ガム、キャラメル、チョコレートなどや塩味のスナック菓子など、これらはあまり好ましくないことを子供に教え、与えることも控えねばなりません。甘いものには用心しても塩味にはつい油断してしまいます。意外に安心してしまうのが塩味のスナック菓子類。塩分のとりすぎには気をつけたいのです。

お菓子やスナック類だけがおやつではなし、たとえばさつま芋やスルメなどだってりっぱなおやつです。わが家ではさつま芋を皮のままゆっくりと油で揚げたもの（中は全然油っこくならず、ほっくり甘くて実においしい）や、焼いたスルメをかみしめるなども大好き。

そしてそのあとは、

「さアて、君たち。おやつを食べたら必ず歯を洗う、これぞ常識。虫食いだらけの歯になったら、おやつどころじゃないですゾ」

のひと言も忘れないで。

わが家で大人気、手作りシンプルおやつ

●ポコポコドーナツ

①卵１個、牛乳１㌍、市販のホットケーキミックスの素２㌍をよく混ぜ合わせる。

②揚げ油を170度ぐらいにし、スプーンでポトンと落としてこんがりきつね色になるまで揚げる。

③揚げたら少しさまし砂糖を適量まぶす。

●にんじんクッキー

材料　バター100㌘（マーガリンと混ぜてもよい）　砂糖50㌘　すりおろしにんじん大さじ４　レモンの汁と皮少量　牛乳大さじ２　小麦粉150㌘　ベーキングパウダー小さじ½

①バターは室温で柔らかくしておいてから手でよくこね、砂糖を入れてよく混ぜる。

②にんじん、レモン汁、刻んだレモン皮を①に加えて混ぜ、さらに牛乳を加える。

③ふるった小麦粉とベーキングパウダーを、指先でつまむように混ぜる。粉っぽくなくなったらしぼり出し袋で天板に形を作る。

④あらかじめ熱してあるオーブンの中段で、170度、15～20分くらい焼く。しぼり出しでなくともスプーンを使って直径３㌢くらいにポトンポトンと落として焼いても、味は同じ。

●お芋のまる揚げ

①さつま芋はよく洗ってから斜め２つに切る。

②揚げ油を低めの温度に熱し（150度くらい）さつま芋を入れてふたをする。

③温度をだんだん上げていき（180度くらい）途中ときどきはしで芋を転がす。

④竹ぐしがやっと通るようになったらふたをとり、火を強めて淡い焦げ目をつける。

⑤そのままでも充分おいしいが、好みでバター、ハチみつ、シナモンをかけてもよい。

●メロンヨーグルト

①メロンを半分に切り、たねをとる。

②中身をくりぬいて、それを一口大の大きさに切る。

③くりぬいたメロンを器にし、プレーンヨーグルトと切ったメロンを入れる。好みで砂糖かハチみつをかけて食べる。

●いちごの簡単アイスクリーム

①いちご１㌍はミキサーにかけるか、よくたたきつぶす。

②砂糖大さじ３（好みでふやす）、生クリーム１㌍を加えて混ぜ合わせる。

③フリーザーでときどきかき混ぜながら固く凍結させて食べる。

お運びはひとりでもだいじょうぶ

手の届くところに食器を置く

お宅のお子さんはよく家の仕事をなさいますか？　ここであえて〝お手伝い〟といわないのは、お手伝いはそのときどきで終わってしまうものですが、仕事には日々持続性があるという意味があるからです。子供にも責任を持ってやらせたいことが、家庭の中にもあると思います。

ただし、それには子供たちに手伝いなさい、働きなさい、とただやらせているようではダメ。子供が働きやすいような場を作ってやらなければ身につきません。

わが家では子供が準備できる食器類は、すべて子供にもとり出しやすいよう、手の届くところに配置してあります。子供が三歳のころは、三歳のときの背の高さに合わせ、四歳になったらもう少し上に、というふうに子供の成長に合わせて置きかえていきます。こうすれば親がとり出したものを子供に運ばせるというのではなく、子供だけでできてしまいます。

仕事を果たしたという実感

わが家では食卓の準備は子供たちの役目です。食卓にごく近いサイドボードの引き出しに、写真のように、スプーンやフォークやおはし、それにお茶わんやおわんやお小皿などの和食のときに使うものも入れておきます。これで朝食でも夕食でも、洋食でも和食でも、子供たちだけで食卓が整えられます。子供の目と手が届く位置に、すっきりと収納してやりさえすれば、子供も働きやすいのです。それに初めから終わりまで自分でできるので、お手伝いではなく、自分の仕事を果たしたと実感できます。

子供にお手伝いや家の仕事をさせたければ、まず働きやすくしてやること。子供に働きやすいようにと思うと、台所もずいぶんすっきりしてきて、おとなにもなかなか快適なものですよ。

引き出しの中身。子供がとり出しやすいようにお茶わんやおわんなども入っている。

◀子供たちが準備した朝の食卓。

台所の〃仕事〃をさせる

柄つきブラシ。アメリカ製。

◀きりりと締めた健太郎のエプロン姿。コックさんの前掛けを参考に、厚地の白い布で作ったもの。

夏休みの日課、あとかたづけ

夏休み。学校へ行っているときもけっこう楽しそうだったのに、夏休みとなるともう毎日楽しくてたまらないらしく、朝起きて、朝食とって、ごくささやかに宿題などひもといたと思ったら、「遊んでくる！」と飛び出してしまいます。昼は食事のためのみ帰ってきて、また飛び出し、夕やみ迫り来るころやっとご帰館。それも、ドロンコになってというより、ドロンコそのものが歩いているような、帰ってきたような、裏表やっと識別というくらい。

ついうかうかと毎日元気でいいわねェ、なんてにこにこしていると、ずずーっとこういう生活が続きますので、私は学校が長い休みに入る前から手ぐすねひいて待っているのです。

わが家における子供たちの夏休みの日課は、特例を除いて毎夕食のあとかたづけ。朝は私もいっしょにします。一刻も早くそれぞれが自由の身になれるよう、みんなであとかたづけをするわけです。早いですものね。一人でコツコツやっているより。

なぜない?・男の子のエプロン

今まであまり台所のことをさせてこなかったとか、まだ小さかったからとかで、もうそろそろ手伝わせたいと思っているおかあさん、夏休みは絶好のチャンス、やらせてみましょう。それにはただ手伝いなさい手伝いなさいといってもだめで、手伝いやすいよう、働きやすいようにしてやる必要があります。

まず、きりりとエプロンをさせましょう。しかし、腹がたつのは男の子のエプロンをどこにも売っていないこと。どう思います?

女の子のひらひらレースつきや、かわゆい絵柄つきというのばっかりなんですよ。男の子は台所のことしなくていいなんて風潮がまだまだある証拠です。男の子は食べないのならともかく、同じ食べる人間が、そのことにかかわらずにすまそうなんてことは絶対おかしいことなのです。

うちの息子にはコックさん風の白い、しっかりしたエプロンにイニシャルを入れたものを作り、娘のエプロンには彼女が幼いころに書いた落書きを胸にししゅうしてあ

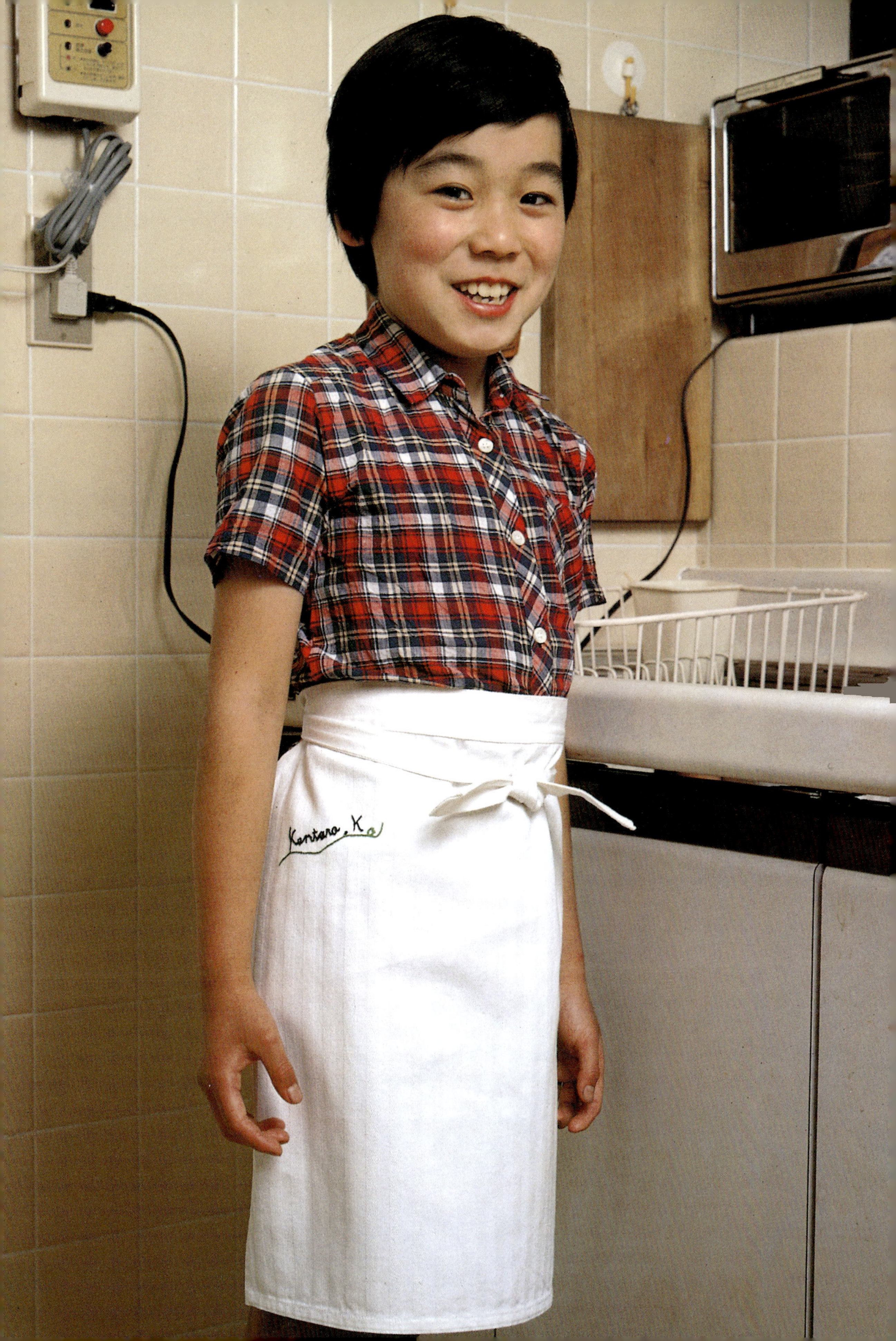
Kentaro.K

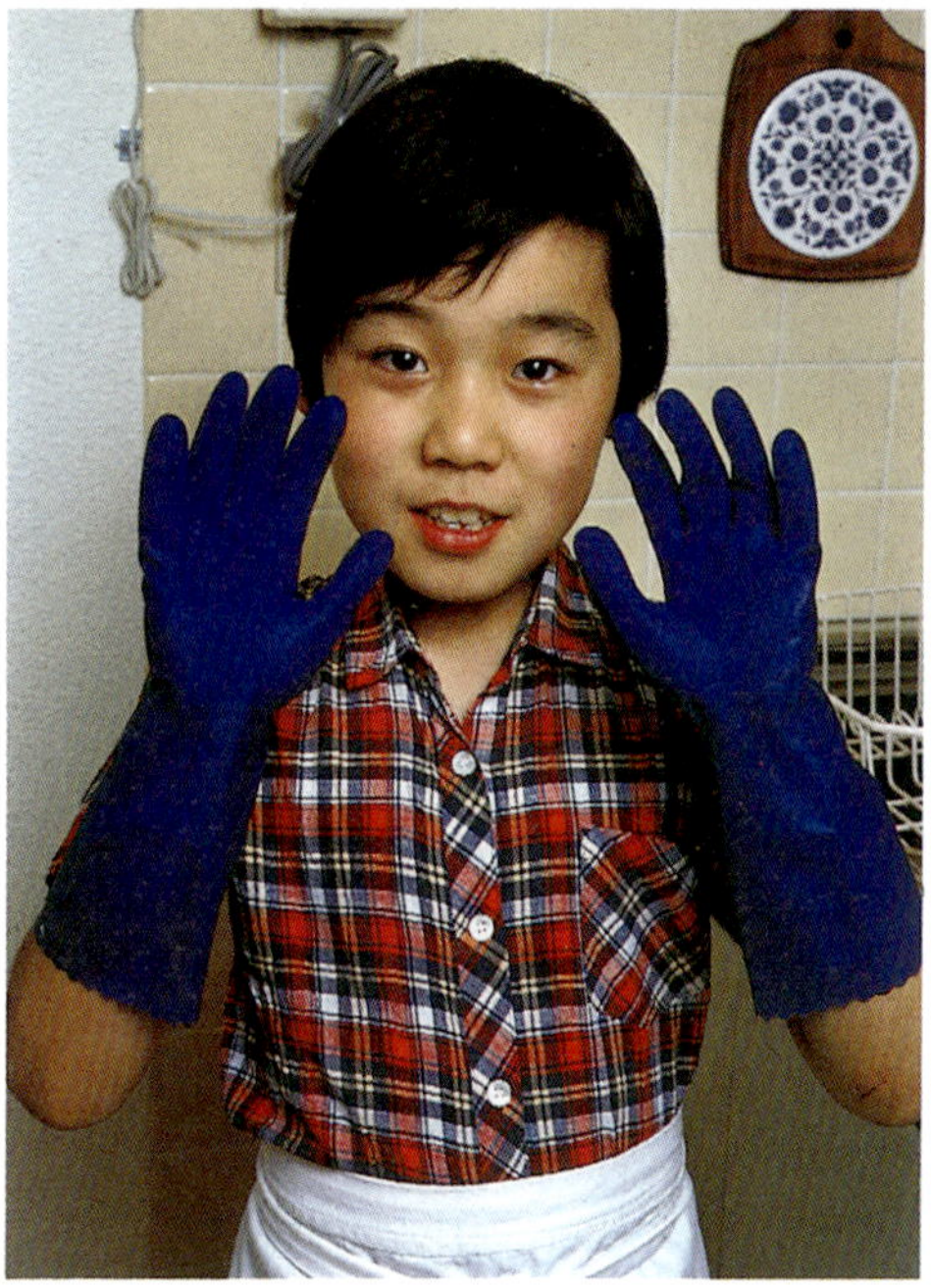

ります。息子が自分のエプロンを身につけるときの顔や手つきは、いつも一瞬ピリッとしたものがあり、まさにきりりと締める感じがするのですよ。

流しに背が届かぬうちは踏み台に乗って。年季入りの踏み台が大小あって、うんと小さいときは大で、今は小。これもそろそろいらなくなりそう。でも台所にあるとおとなにもとてもちょうほうするものです。

子供用のゴム手袋がほしい

洗い物には油よごれのものもあり、小さいうちはそれらはおとなが洗ってましたが、夏休みは夕食のあとかたづけすべて子供たちに任せる式をとりますので、洗剤も使わせます。植物性の石けん洗剤ですが、子供なので毎日使っていると手の甲がざらざらカサカサしてきます。それにクレンザーを使ったりすることもあります。おとながゴム手袋を必要とするのと同じく子供にもゴム手袋が必要だと思いました。

でも子供用というのは全くないのですね。そのことを連載していたある新聞に書いたら、写真の手袋を業者が送ってくれました。おとなのSサイズなのですが、小学校三年くらいからならあまりブカブカせず使いやすそう。手の小さいおとなにもぐあいがいいのでほうぼうで市販してほしいです。冬にはゴム手袋があると雪だるま作りにとてもいいんですって。ゴム手袋を使わないときは写真の柄つきブラシもおすすめです。

油物のお皿は重ねては運ばないこと、重ねると裏まで油よごれすることなども教えます。ふきんもたっぷり用意し、ていねいにふくことを教えます。食器だなの中もしまいやすい配置にして。

「あとかたづけ完了」

「ハイ、ごくろうさま」

農作業、園芸用として作られているビニール手袋。おとなのSサイズが子供にぴったり。

先輩ママから若いおかあさんへ

やけどだけはさせまい

今回は子供にではなく、少し先輩のママである私から若いおかあさんへ。

台所で起きる事故に〝てんぷら火災〟が圧倒的に多く、東京都内だけで年間四〇〇件(!)もあるということです。

これは未然に防げるものです。

小さい子を育てている間、いくら気をつけてもつけすぎとはいえないのがやけどです。これだけは過保護もへったくれもありません。とにかく絶対に防止すべきことだと思います。

私はやけどが起こるかもしれないという可能性を持つあらゆるものを排除しました。その中にフライパンがあります。フライパンの柄は長くてあぶなく、つかまり立ちやヨチヨチ歩きの幼い子の目には、かっこうの手を出したくなるモノだからです。それに片手なべをガス台にかけたときはなべの柄は必ず横に向ける習慣をつけました。

子供が入れる状態の台所に

ハイハイをし、つかまり立ちをし、ヨチヨチ歩きを始めると、子供は必ず台所に来たがります。あぶないあぶないと遠ざければ遠ざけるほど、来たがるのが子供です。しかし、遠ざけることが最も安全なことでしょうか。遠ざけたとしたら、台所はおとなの城になり、子供にとって危険な状態に対する感覚が鈍くなってしまうでしょう。台所はおとなにとっては慣れ親しんだ場所だし、てんぷらだってフライだってまさしく日常茶飯事のことです。

もし、そこへ、親が目を離したスキにヨチヨチと子供が来たら……。子供は全く無防備、好奇心のかたまり。それでいて子供の背の高さからは煮えたぎる油は目に入りません。

そこで私は、いっそ台所へどんどん入れてしまおう、いくら入ってきても事故は絶対起こさない、「どんと来い!」という状態

B

子供の目から見上げたガス台。

「おや、あの長く伸びたものはなんだろう？」

と子供の好奇心をそそる。

A

ママの目から見た
いつものガス台の上。

C フライパンを追放したときに求めた、いなかなべ。揚げ物、いため物、煮物、汁物と現在も大活躍。

の台所にすればいいのだと思ったのです。青菜をゆでるとき、煮物をするとき、抱き上げては見せました。ふわァとかかる湯げの熱さに子供は「アチュアチュ」と自分で発見し、身の危険を知りました。だから「今は入ってこないでね、あぶないからね」というと、ほんとうにそうだと理解するのです。

フライパンの追放

今は少人数の家庭が多くなり、揚げ物も、ちょっとフライパンでと気軽にする傾向があります。ところが、ごく普通のフライパンの柄は片手なべなどより長くて、ガス台の上で柄を横や斜めには向けにくいのです。小さい子のいる人はフライパンをガス台にかけてみて、子供の目の位置で一度見てください（写真B）。当然見上げる形になるでしょう。そこで、フライパンの柄に子供の手がかかるとどうなるか……。

子供のことだけでなく、フライパンでの揚げ物は油に火が入りやすくて危険です。私は子供が幼いうちはフライパンを追放しました。そこでフライパンのかわりに鉄の重いいなかなべ（写真C）を買い、いため物、少量の揚げ物、汁物、煮物、とそれはそれは活躍させました。深いし安定感があり、油物には絶好です。厚手の無水なべ（両手の）なども適しているかと思います。深めのなべだと少なめの油でよく、それでもからりと揚げる法を、あみだしました。

その方法とは、なべに油は写真Cよりぜったい多くは入れません。そこへ、揚げようと思うものを、むしろ表面をおおうくらいに入れるのです。そして火を強くします。

だいじなことは、揚げ物の表面がつねに外に出ているくらいの油であること。中途はんぱですと、かえってカラリとしないのです。つまり、揚げ物をカラリと揚げるには、たっぷりの油か、またはいっそ少な目であること。いつもタネの表面が空気にふれていると少ない油でもカラリと揚がるのです。揚がるまでおはしでときどき混ぜ、できるだけ空気にふれさせます。

テーブルクロスも追放

危険は台所だけではありません。食卓では卓上ポットやお汁の入ったなべなどが要注意。だから、赤ちゃんや幼児のいる間は、ぜったいにテーブルクロスをしないこと。つかまり立ちするときなどに、ひょいと下から見上げたクロスを引っ張ったり、猫がジャレるのと同じで、おもしろそうと引っ張ることがあるからです。電気がまも要注意。炊飯中はすごい熱さですから。

子供の目から見上げたテーブルクロスをした食卓。
こんな重いものが落ちてきて、おまけにやけどすることを考えると恐ろしい。

台所で実験してみよう

台所でごそごそお麩作り

うちのまりこが小学校三年のとき、

「ママ、お麩《ふ》ってどうやって作るの？」と聞きました。おみそ汁の具に麩が入っているときだったので、なにげなく聞いたにすぎません。そこで、

「小麦粉に水を加えて練って練って、粘りが出るくらい練ってから水で洗い流すとね、グルテンといって弾力のあるものが残るの。それがお麩なのよ。生《なま》麩《ふ》は生のもので焼き麩は焼いたもの。原料の小麦粉のタンパク質はほとんど全部グルテンになるので、お麩はタンパク質が多くて栄養があるのよ」と、麩の作り方をいたって簡単に話し、ついでにタンパク質とはなんぞやなんて話にもなりました。


それから数日後、台所でなにやらごそごそやっていたかと思うと、

「ママ、オーブンかオーブントースター使いたいんだけど……」

●麩

材料　強力小麦粉150グラム　水90cc
塩ひとつまみ

①ボールに粉と塩を入れ、水を加えて両手でよくよくこね合わせ、耳たぶぐらいのかたさにこね上げる(写真B)。

②大きめのボールに水をたっぷり張って、①を入れ、手でクシャクシャともむ(写真C)。白い汁が出てくるが、何度か水をかえながらさらにもんでいく。ボールの水がきれいになって手の中にチューインガムのように残る(写真D)のがグルテン。

③②を直径1センチぐらいの大きさにちぎり、受け皿の上に並べてオーブントースターで5分ほど焼く。トースターにより時間は違うが、軽くふくらんだ状態になるまで焼く。温度調節のきくものなら、低めの温度がよい。

Ⓐ慣れた手つきで小麦粉をこねる
まりこ。らくらく作ってしまいました。
Ⓒボールの水がきれいになるまで
クシャクシャともみます。
Ⓓグルテンだけ残されるので
はかるとⒷより軽くなる。

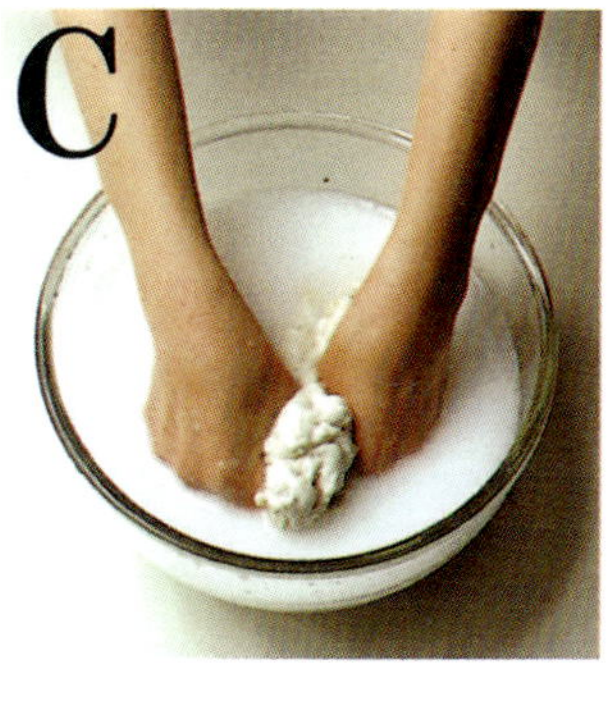

◀焼き上がった麩。
このままパクパク食べてもいいし、
汁の浮き実にしてもいいけど、
たぶんあっという間になくなります。

顔も髪も粉だらけ、洋服には白や黄色のものがペタペタくっついています。見ると黄色っぽいものがボールの中に入っていて、指でさわってみるとごく柔らかなガムみたい。手にはなにもついてきません。

そして数分後、かわいい焼き麩をいっぱい作りました。

「まあっ、どうやって作ったの！」今度はこちらが聞く番。小麦粉も水の量も適当にして作ったらしいのです。

作りやすい分量と大きさ

写真のものは、ぜひ彼女に作らせたかったのに学校の帰りがおそくて、待ちきれずに私が作ったもの。

ところが学校から帰った彼女、

「ママ、麩が大きすぎない？　小さいほうがずっとやりやすいの。小麦粉もあまり多いとやりにくいのよォ」

そうだったのか……。というのは大きいと、焦げやすいし時間を短縮すれば生焼けだし、ちょっと苦労したのです。小麦粉の量が多すぎてグルテンを出すまでもすごくたいへんだったし、まりこはよくあんなに簡単に作れたものだと不思議に思っていたのです。

「写真はもうとっちゃったけど、今作ってみてくれる？」というと、いともらくらく作ってしまいました。グルテンを出すときも、小麦粉が少ないとやりやすそうでした。丸めるのだって私は苦労したのに、彼女は丸めないで指先でひょいひょいとつまんでは天板にのせていきます。

「やっぱり、まりこちゃんを待っていればよかったですねェー」と、嘆息しつつ編集のMさんの弁。

みなさまが実験なさる場合は、写真のようにでっかくしないほうが家庭ではずっと楽。小さいとでき上がりがちょうどひなあられくらいの大きさでとてもかわいいんです。

強
860W
フランスパン
もち
タイマー

いっしょにパンを焼いてみよう

ドタンドタン、コネコネと……

夏休みのある日、くり広げられたわが家のパン作りを披露《ひろう》します。むずかしいところは私がやりますが、ドタンドタンとコネコネは子供たちの活躍の場。さあ、いっしょに作りましょう。

「さーて君たち、パン焼こうか」

「うん！」

一度でもパン作りの味をしめたらたいていの子は歓声をあげるでしょう。うちの子供たちもパン作りが大好きです。クッキーやケーキ作りも好きだけど、パンはまた格別。

だって、ドタンドタン、コネコネとやるんですもの、どろんこ遊びよりダイナミックだし、第一次発酵がすんだら今度は粘土遊びのごとく好きな形に作れるし……。ケーキだとこうはいかないし、クッキーもパンほどではありません。

「ぼく、ねこ作ろうかな」コネコネコネ。

「ねこ、やめようっと。かえるにしちゃお」またコネコネ。

「わたしはドラえもん！」コネコネ。

1

深めの小さな器にぬるま湯を入れ、イーストをさらさらと平均にふり入れる。砂糖を加えて軽く混ぜ合わせる。10分ほどでイーストが発酵してプクプクと盛り上がり、かさがふえた状態になる。その間に急いで次の用意をする。

●バターパン

●準備

すべての材料を計量して用意しておくこと。

天板に油(分量外)を薄く塗る。

子供の手の点検をする。

材料	約18個分
ドライイースト	小さじ2½
砂糖	小さじ½
ぬるま湯(40～43度)	大さじ4
強力小麦粉	400グラム
マーガリン(またはバター)	80グラム
砂糖	大さじ2½
塩	小さじ½～1
牛乳	80cc
卵	小1個
卵黄	2個

2

大きなボールにマーガリン、砂糖、塩を入れ、温めた牛乳を加えてマーガリンをとかしながらあわ立て器でよく混ぜ合わせる。さらに卵、卵黄と順に加えてていねいに混ぜ合わせ、なめらかな状態にする。

3

ここに、小麦粉の約⅓量をふるい入れ、あわ立て器で充分に混ぜ合わせる。だまがなくなり、なめらかな状態になるまで。

4

残りの小麦粉を全部ふるい入れ、用意しておいた1のイーストを一気に加える。あわ立て器を木じゃくしにかえて混ぜ合わせる。初めはまとまりにくく見えてもだんだんにまとまってくる。

5

全体がまとまってきたら手でよくこねる。持ち上げてはボールの中にたたきつけ、そして手のひらで押すようにする、これをくり返すうちに、だんだんとなめらかになっていく。手にくっつかないできれいにまとまるようになったら打ちつける台(まな板など)の上にとる。

6

子供といっしょに。パンの生地を台に打ちつけては丸めてこねる。これを100回以上やる。子供たちが喜んでドタンドタン。ここでは私はやり方を教えるくらい。音を立てたくない家庭では、手のひらに体重をかけるようにしてもんではこねるをくり返すとよい。

『からすのパンやさん』
かこさとし／偕成社刊

「変になってきちゃった。なんかに変えちやお」こちらもまたコネコネ。

あー、ほんとはこんなにこねくり回し、こんなにあっち引っぱりこっち引っぱりされてはねェ。生地はデリケートなんですもの、ちょっとねェ……。

「早くしなさい」といいたいところをぐーっと抑えるほどに彼らは芸術に没頭。せっかく楽しんでいるのにうるさくはいいたくありません。

パンのできと味は差し引いても

子供に作らせようと決めたら、パンのできぐあいと味の点は少うし差し引くこと。味重視のほうはおとながサササッと作ればいいんですもの。子供には大いに楽しませ、こねくり回させてやりたいものです。

子供たちのパンは、ああでもないこうでもないとこねくり回しているうちに発酵はより進み、グッドタイミングをのがしてしまうこともけっこうあります。

細工するパンは生地をややかために作るほうがいろいろと作りやすいのですが、かために作ったたねをまたまたいじくり回して焼くと、ぼそぼそしたパンになり、いいようもなくまずいことがあります。私は普通の柔らかめのパン生地を作り、なるべく子供たちの芸術作品も食べられるようにしています。もし、うんと暑い日で扱いにくいようになったら、少し打ち粉をしたほうがいいでしょう。

子供の芸術作品を思い出として残しておきたい場合は、打ち粉を多めにして生地をかために作ります。

7

生地が耳たぶのような手ざわりになったらひとまとめにし、両手を使って裏側にもみ込むように丸める。表面がなめらかになるように手のひらでペタペタたたくか、台にもう1回打ちつけてきめの細かい面にする。裏側も手でつまむようにしてきれいに閉じる。

8

ビニール袋を3枚重ねた中に生地を入れ、空気が入らないようにきっちりとひもで縛る(3枚重ねるのは生地がふくらんで袋が破れることがあるため)。さらにもう1枚ビニール袋を重ねて少しゆるみを持たせてひもで縛る。これを冷蔵庫に1晩おく(第1次発酵)。

9

翌日、冷蔵庫内でパンパンにふくらんだ生地を袋からとり出し、握りこぶしを生地のまん中にグイッと押し入れてガス抜きをする。スケッパーか包丁で40㌘ずつに切り分ける。

10

子供といっしょに。分割した生地を指の先でもみ込むようにしてなめらかにしたり、手のひらで丸めたりしてからそれぞれ好きな形に形造る。子供たちはああでもない、こうでもない、とにぎやかにコネコネ遊びに夢中。

◀いろいろな形に焼き上がったパン。心配そうに天火をのぞいていた子供たちも、今はもう完成品を見て大喜び。

手の点検はお忘れなく

そうそう、パン作りの際には必ず子供の手の点検をお忘れなく。つめは短く切り、そしてつめブラシでゴシゴシ洗い、手首までせっけんつけてゴシゴシゴシ。

パンはなぜふくらむかなどの話をしてやってもいいのですが、作るときはまあそんな教育的なことはともかくとして、にぎやかに作ったほうがいいかな。発酵の理屈など、やさしく書いた本もあり、また、パン作りがより楽しくなるような絵本も近ごろではたくさん出ています。

では、あなたの家でもおもしろい作品をいっぱいお作りください。

11

12

私が作るパン。子供が芸術作品に夢中になっている間に、サササッと作る。分割した生地を指先で押すようにして長方形に伸ばす。手前からくるくると巻いて、16～17㌢長さの棒状にし、一結びする。これを間隔をあけて天板に並べ、ラップをかけて暖かいところに50分くらい置いて第2次発酵をさせる(夏なら室温でよい)。

13

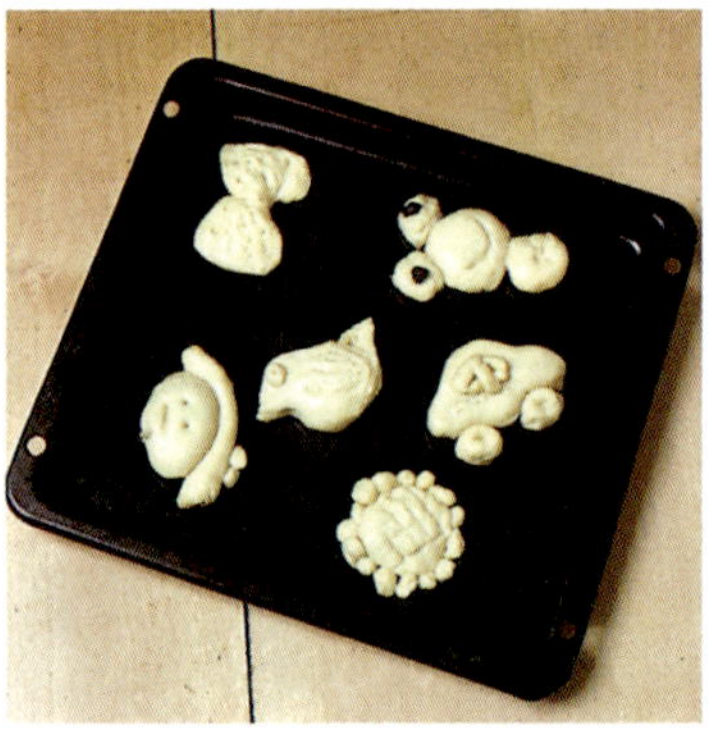

14

子供の形造ったパンも同様に天板に並べ、第2次発酵させる。3倍ぐらいにふくらんだら、充分に霧を吹きかけ、あらかじめ200度に熱しておいた天火の中段に入れ、15～17分で焼き上げる。プリン型などに湯を入れて天火の中に入れておくとパンの乾燥が防げる。つやを出したいときは霧を吹く前にといた卵黄をはけで薄く塗るとつやよく焼き上がる。

◀親子で奮戦するたこ焼き。慣れればくるり！とまるでたこ焼き屋さんのよう。

たこ焼きっておもしろいよ！

"たこ焼き"は断然大阪

いまや"たこ焼き"を知らぬ人はないといってもいいでしょうね。発祥地は大阪。私のふるさとである大阪から広まったもの。だから、今でも大阪で食べるたこ焼きがいちばんおいしいように思います。うちの子供たちもたこ焼きが大好き。大阪へ遊びに行くと必ずたこ焼きを買います。そしてあつあつをフーフーいって食べながら、いつも「やっぱりたこ焼きは断然大阪だねェ」と、親子でうなずき合うのです。

冬になるとうちでたこ焼きを作ります。ワイワイいいながら、子供とたこ焼き器を前に奮戦するのは楽しいもの。以前はくるりと裏返すのがむつかしくてグチャグチャにしたりしたけれど、いつの間にか、くるり！とまるでたこ焼き屋さんのよう、とまでは実はまだいかないけれど、かなりうまくなりました。

おもしろいのは、同じたこ焼き器に同じ生地を流し、同じ中身を使って同じように作るのに、子供というのは自分も参加した場合、たとえそれがいちばん不出来であっても、自分の作ったたこ焼きを食べたがることです。

親子でワイワイ作るたこ焼き

東京でもたこ焼きを買ったことがありますが、ピンポン玉のようにまん丸で、味もずいぶん大阪とは違います。好き好きでしょうが、大阪式では生地がもっと柔らかく、もっとふわふわしています。ここでご紹介するのはむろん大阪式たこ焼き。

子供というのは食べるのはむろんのこと、作る過程がまずおもしろいのです。ヤケドに気をつけながら、冬の日の和風スナックのたこ焼きをお宅でも親子で作ってみませんか？　失敗したら、どこかのお店で一度見学してまた挑戦してみるといいですよ。

●たこ焼き

材料(約20個分)　生地（小麦粉1カップ　水1 1/3カップ　卵1個）油適量　具（ゆでダコ・こんにゃく・てんかす・紅しょうがのあらみじん切り・桜エビ・削りガツオ・青のり各適量）しょうゆ少量　とんカツソース適宜

①ゆでダコ、こんにゃくは1センチ角程度に切る。具ととんカツソースはそれぞれを器に入れて用意しておく。

②ボールに卵を割りほぐし、水を加えてあわ立て器で混ぜ合わせる。小麦粉を加え、全体をなめらかになるまでよく混ぜる。

③たこ焼き器を熱して油を薄く塗り、弱めの中火にして②の生地を六分目くらいまで流し込む。ゆでダコとこんにゃくを一個ずつ入れ、てんかす、紅しょうが、桜エビ、削りガツオも少量ずつ入れてしょうゆをほんの数滴ずつたらし、さらに生地をくぼみにすれすれまで流し入れる。

④まわりがかわいた感じになってきたら、目打ちでぐるりと周囲をはがしてからぐいと刺して、くるりと手早く裏返す。全体にこんがりといい色になり、目打ちを刺してみてなにもついてこなければ焼き上がり。

⑤器にとって、とんカツソースをはけでペタペタ塗り、青のり、削りガツオ、紅しょうがをふる。

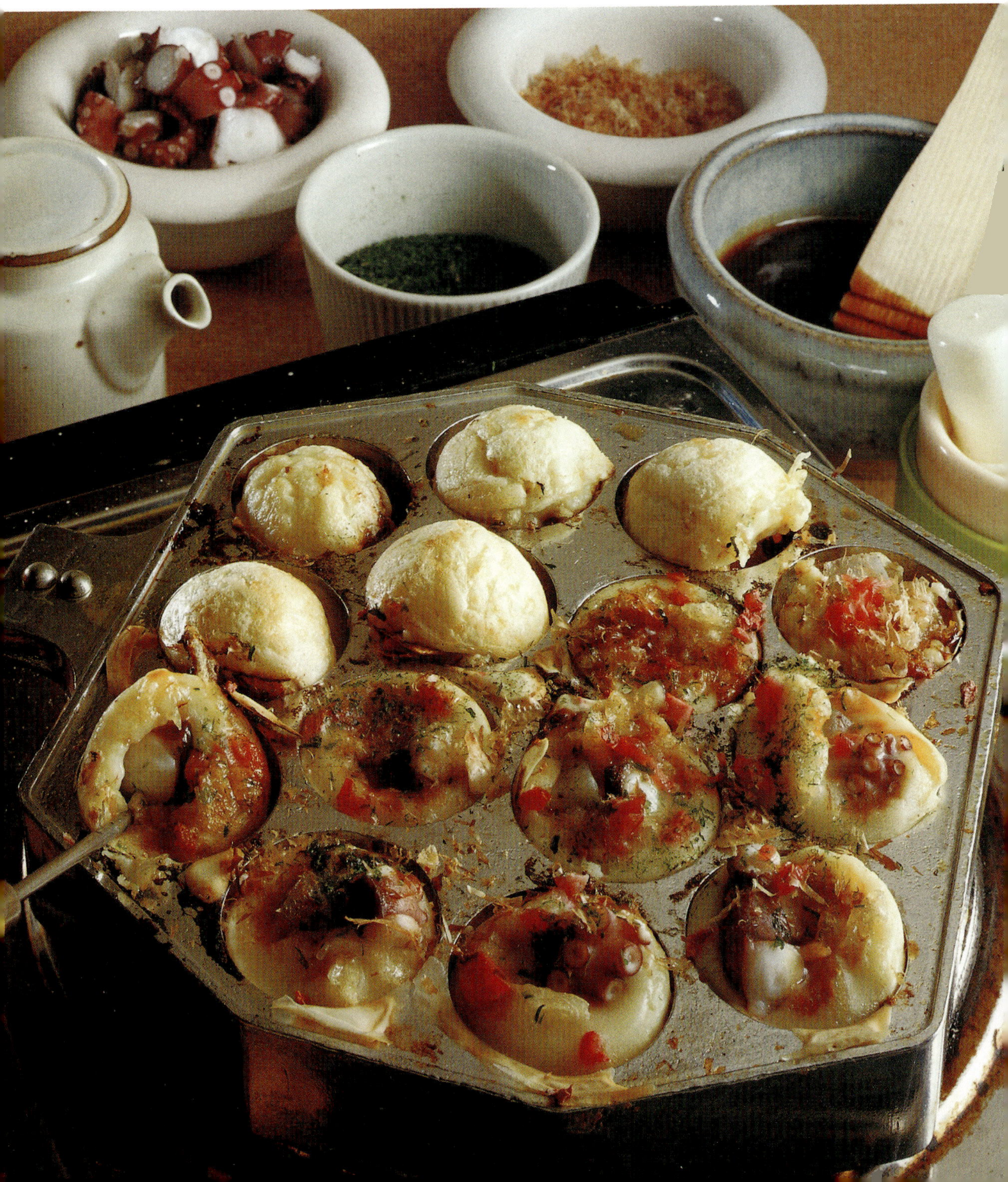

A

みんなが大好きソーセージ

ヘンなもののいっぱいの市販品

お宅のお子さんはソーセージ類を好きですか？　今まで私の聞いた限りでは、きらいといった子供はたった一人。みんな好きなんですねえ。ある幼稚園の先生の話では、昔はお弁当といえば必ず卵焼きだったけど、今は卵焼きを見ない日はあってもソーセージを見ない日はないとのこと。

それほど子供たちに人気人気のソーセージ類。ことにウインナソーセージ、好きならいつでも召し上がれ、と手放してはいえない不安があるのです。だって、無添加とわざわざ銘打ってあるもの以外は、高級品でもほとんどすべてといっていいくらいヘンなものがいっぱい入ってるんですもの。

どうしてでしょうね。ソーセージ、ハムといったものは元来保存食品でしょう。現代では輸送機関も発達し、どの店にも冷蔵冷凍設備があるというのに、なぜこうもいろいろの添加物を入れるのでしょう。もっとも、添加物の内容（62ページ）を見ると、防腐のための保存料だけではなくて、それ以外のもののほうが多いですが……。

なぜもっと大事に作らないの!?

考えてみれば不思議なことに、たいていのソーセージが加工する前の生の豚ひき肉より一〇〇グラムあたりの値段が安いんですもの、豚肉以外のものをいっぱい混ぜなきゃこんな値段でできるわけがありません。それにしてもですよ、混ぜ物ももう少し私たちに納得できるものにしてもらえないんでしょうか。こんな薬品っぽいものがゴチャゴチャ入ってる食べ物が子供の大好き食品だなんて。こんなにいろんなものが入ってる食べ物も少ないのではないかしら？

昔、ソーセージのまっかな色が問題になって、どれも自然色に近づき、消費者はすっかり安心しきったのではありますまいか。

わが家で作るソーセージ、羊の腸も使いはしないし、本式とはいえないけれど、と

●わが家で作る
ママーズソーセージ

材料(約25個)　豚ひき肉400㌘　食パン８枚切り１枚　卵１個　にんにく½かけのすりおろしたもの　オニオンソルト・セロリソルト（いずれもなければ生《なま》少量をすりおろす）・セージ・ナツメグ・黒こしょう各少量　油大さじ１　月桂樹の葉⅓枚をもんで細かくしたもの　塩小さじ１　水大さじ２　アルミ箔《はく》13㌢角25枚

①食パンは水(分量外)につけてからかたくしぼり、よくほぐしてボールに入れる。卵を加えて手でよく混ぜ合わせる。

②別のボールに豚ひき肉、その他の材料を次々に入れ、手でよくよく混ぜ合わせる。①を加えてさらによくよく混ぜる(写真Ｂ)。

③手のひらに薄く油(分量外)をつけて、②をウインナソーセージくらいの棒状に丸めて１つずつアルミ箔の手前にのせる(写真Ｃ)。

④のり巻きを巻くようにアルミ箔でくるくるっとしっかり巻き(写真Ｄ)、両端をキャンデーを包むようにキュッとねじって内側に軽く押しつける。表面がピンとのびているようにする(写真Ｅ)。

⑤蒸気のよく上がった蒸し器に④を並べて入れて強火で15分蒸す(写真Ｆ)。アルミ箔をとってでき上がり(写真Ｇ)。

E

B

F

C

G

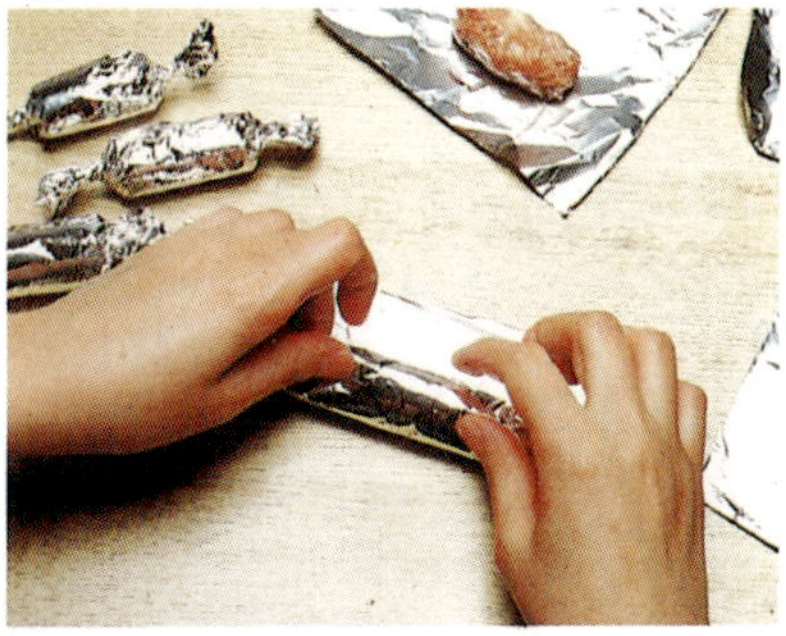

D

H　そのまま食べてもおいしいけれど、いためてケチャップ味にするのもおいしい。

きおりこうして作ってやります。そのままにからしをつけたり、油でいためてケチャップ味にしたり、ベーコンを巻いて焼いたりしてウインナソーセージっぽく楽しみます。なかなかにおいしいし、子供にも好評。でもねえ、これで市販品は追放！ なんてできませんよ。これはこれ、あれはあれ。無添加の市販品だってあるのだからヘンなもの入れないでもできるはずなのに、ほんとにほんとに腹がたつ。小さい子供が好きなものをなんでもっと大事に作らぬかと腹がたつ。

家庭でも作れるアメリカンドック

アメリカンドックも子供が大好きなもの。うちでは子供のお誕生日会の人気商品(?)。友達みんなの前で揚げてみせてやると、ぷあーっとふくらむさまがおもしろく、大喜び。買ってしか食べられないと思っているこういうものが家庭で出てくると、かえって珍しく、うれしいらしいんですよ。タネをコップに入れてつけるのが私のヒット。

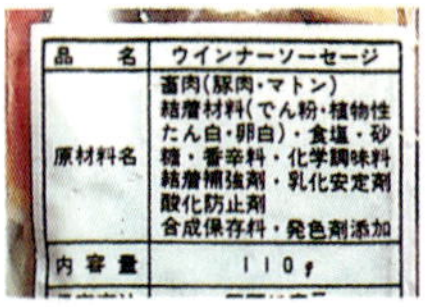

品　名	ウインナーソーセージ
原材料名	畜肉(豚肉・マトン) 結着材料(でん粉・植物性たん白・卵白)・食塩・砂糖・香辛料・化学調味料 結着補強剤・乳化安定剤 酸化防止剤 合成保存料・発色剤添加
内容量	110g

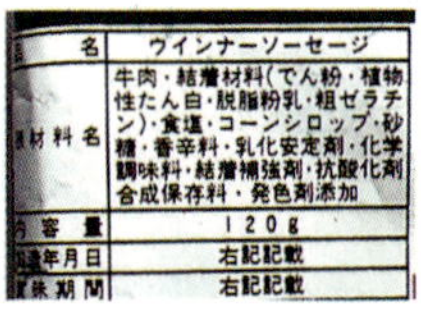

品　名	ウインナーソーセージ
原材料名	牛肉・結着材料(でん粉・植物性たん白・脱脂粉乳・粗ゼラチン)・食塩・コーンシロップ・砂糖・香辛料・乳化安定剤・化学調味料・結着補強剤・抗酸化剤 合成保存料・発色剤添加
内容量	120g
製造年月日	右記記載
賞味期間	右記記載

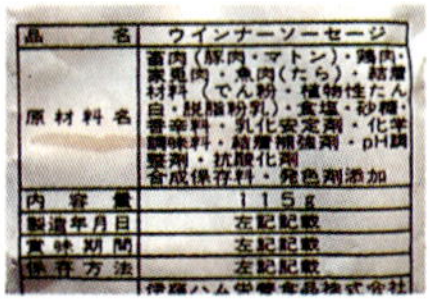

品　名	ウインナーソーセージ
原材料名	畜肉(豚肉・マトン)・鶏肉・家兎肉・魚肉(たら)・結着材料(でん粉・植物性たん白・脱脂粉乳)・食塩・砂糖・香辛料・乳化安定剤・化学調味料・結着補強剤・pH調整剤・抗酸化剤 合成保存料・発色剤添加
内容量	115g
製造年月日	左記記載
賞味期間	左記記載
保存方法	左記記載

ウインナソーセージについているＪＡＳ（日本農林規格）指定の品質表示。
原材料を見ると、安い品物ほど材料肉のバラエティが豊かなのはおもしろい。
その他、人間の体にはあまり入ってほしくなさそうな添加物が
いっぱい書いてあるけどだいじょうぶかな？

●アメリカンドック

①ママーズソーセージ4～5個分でフランクフルト大のソーセージを作る。手間がなければ市販品でも。

②卵1個、牛乳1カップ、ホットケーキミックスのもと2カップを混ぜ、衣を作る。

③フランクフルトに適当な長さに切った割りばしを刺し、小麦粉を薄くまぶす。

④コップに衣を入れ、③に衣をつけ、低めの温度の揚げ油で揚げる。好みでマスタードやケチャップをつけて食べる。

　アメリカンドックの衣が残ったら、それをタネにして37ページのポコポコドーナツが作れます。もちろん、その逆もよし。

いろんなアイスキャンデー作ろうよ

市販品は添加物が心配で

　子供って冷たいお菓子が好きですね。うちなんか真冬でも「おやつ、アイスがいい」なんていうくらい。アイスというのは、アイスクリームにあらずしてアイスキャンデーのたぐい。ことに暑い盛りには、アイスクリームよりアイスキャンデーを好むようです。

　自分で簡単に作れるので、黙っていると毎日でも作りそう。材料になるジュース類はあまり買いおいていないのですが、牛乳だけで作ったり、砂糖水を固めてみたりと次々に工夫するので油断できません。

　でも、市販のアイスキャンデーにも魅力あるらしいですよ。市販品は実にいろいろあるでしょう。いくらうちのがおいしくても、また違う魅力なのですね。考えてみれば私の子供のころにもうちのおやつより近くの駄菓子屋さんのもののほうが食べたいと思うときがあったものです。買ってもらえないとよけい魅力に感じるんですね。

　うちでもたまには買ってやりますが、たかだか氷菓子といえど、なぜか実にさまざまな添加物が入っています。あれがどうにも気になるのですが、どうしてあんなにいろいろ入れなければならないのか不思議。子供でもチャッチャッと作れるものがねえ。

棒つきだって簡単に作れます

　私が作るときは、製氷皿にジュースや牛乳を流し固めるだけで、あの棒をつけなかったんです。それというのも、どうせ液体の中に差し込んでも浮いてしまうとの思い込みから……。

　あんなことするのめんどうだし、でも棒はつけたいし……。ウヌ？　うちの子たちが作ったのにはいつも棒がついてるぞ。

「ね、いつもあなたたちどうやって棒をつけているの？」

「どうって……。ただ割りばしを二つに折って入れるだけだよ。少し斜めにはなるけ

●**オレンジアイス**は、オレンジジュースを冷やし固めたもの。**アップルパインアイス**は、パイナップルを小さく切り、これを型に入れてりんごジュースを注ぎ、冷やし固めたもの。**ミルクおぐら**は、市販のゆであずきとその倍量の牛乳を混ぜ合わせて固めたものです。

型からはずすときには、まわりに薄いナイフかへらでも差し込んでから、底をトントンとたたいて棒をそっとすばやく引っぱります。

市販品より甘味がずっとうすくて、中身が確か。安心して食べさせられます。

ど、ちゃんとくっつくよ」

使ったあとにきれいに洗ってとってある割りばしを、ポキッと折ってポンと入れ、ささっと棒つきにして作っていたのに気づかないで、頭をひねっていたとは、おとなだからでしょうな。

そこでこちらも負けずにおとなの感覚を発揮。中にパイナップルなどを沈ませ、これに棒を突き刺してから液を注ぐと、みごとに棒はまっすぐ。なんていばっていますが、こんなことだれでもやっていることかもね。

ピクニックにはぶん回しおにぎり持って

子供が作るぶん回しおにぎり

「秋だ！　どっかへ行こう」

とまっ先に叫ぶ母親に、当然子供も喜んで、

「うん！」

「では、ママがおかずを作っている間に君たちがおにぎりを作るっていうの、どう？」

「大賛成っ」

むろん、お米洗いから彼らの役目。

おにぎりは炊きたてを握ってこそおいしいのですが、おとなでもやけどしそうなときがあるので、子供は素手では危険です。

そこで、子供のために考えだしたのがぶん回しおにぎり。かたくしぼったぬれぶきんにあつあつご飯を包んで振り回すだけでできてしまうのです。振り終わってから茶きんしぼりの要領でぎゅっとしぼったり、ふきんの上から少し握ったりするとなおしっかりしたおにぎりができます。

ふきんは清潔であることはいうまでもありません。水に酢をたらしてしぼり上げます。このぶん回しおにぎりは、ちょうどほどよい握りかげんになってくれるので、へたに手で握ったものよりはるかにおいしいんです。でも、振り回し方が足りないとぐしゃっとしたおにぎりになってしまいます。

ぶん回しおにぎりの作り方

1 湯飲み茶わんに、しぼったぬれぶきんを敷く。

2 塩をパラパラとふる。

3 あつあつご飯を半分くらい入れる。

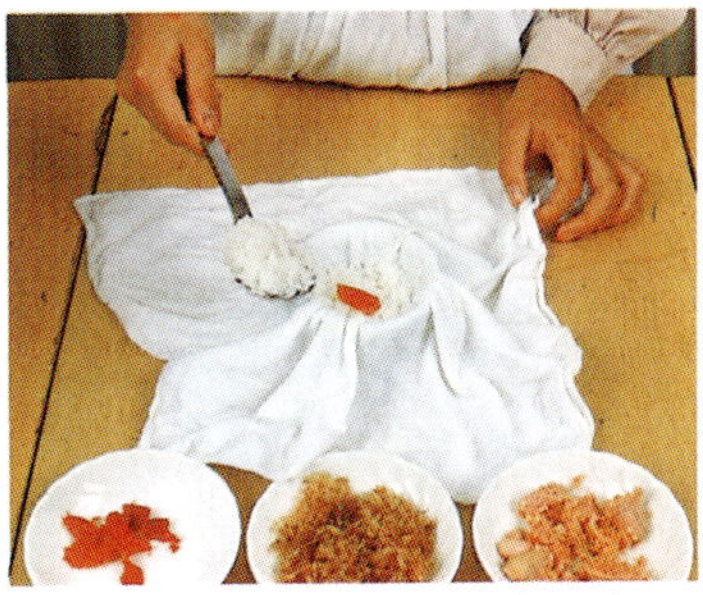

4 具を入れ、いっぱいにご飯を詰めて塩をふる。

5 ふきんの四すみを合わせてしっかり持つ。

6 ふきんを持ってブンブン振り回す。

7 ぶん回し終わったおにぎり。

8 もみのりをまぶしても、切ったのりを巻いても。

9 でき上がり。ほどよい握りかげんがおいしい。

A—○

B—○

食べやすいのりの巻き方

うちでは三歳ごろからキャッキャッと喜んでやり、あんまり振り回してご飯があっちこっちへ飛び散ったりもしたけれど、そのうれしそうなことったら！　今ではきれいに丸くそろいますが、幼いころは巨大なのや、ピンポン玉みたいなのができたりしたものです。

そのころはのりがまだよくかみ切れないので、写真８のような手でもんだのりをまぶすようにしました。写真Ａ・Ｂ・Ｃはおとなが握ったものですが、Ｃののりの巻き方は最低。手にはご飯粒がくっつき、かぶりつくとのりだけがかみ切れないでご飯が飛び出してきます。ゆめゆめ子供のおにぎりにこんな巻き方はしないこと。

塩ザケ、タラコはゆでて使う

塩ザケ、塩タラコなど、おにぎりの中身によく使いますね。その場合、私はいつもゆでて使います。ふつうは焼くでしょう。でも、子供やお年寄りには塩味がきついです。それがゆでると塩味が程良くなり（決して塩味がなくなったりはしません）、ソフトになり、いいことずくめ。おにぎりに入れたのを、ゆでタラコ、ゆで塩ザケと見破れる人はまずいません。

ゆでると焦がす心配もないし、なによりも簡単。ためしてみてくださいね。梅干しも少しいっしょに入れると腐敗を防ぐ力があり、ピクニックのときでも安心です。

ではたっぷりご飯を用意して、いっぱい作らせてあげてください。余ったら困る？　まあいいではありませんか。ほんとに楽しいんですもの！

C—×

◀子供たちが作った荒削りなぶん回しおにぎり

せり

なずな(ぺんぺん草)

おぎょう(母子草)

はこべら(はこべ)

七草ってなんの日?

七草は青菜のおかゆを食べる日

七草がゆなんていっても今の子供はピンと来ないでしょうね。

うちなんかでもまだうんと幼いときには「ヘーンナオカユネ」といっていましたが、近ごろでは七日になると「あ、これ、いつもお正月のときに食べるおかゆよね」というようになりました。

だからといって「わー、おいしい」とかいうのではありませんが、習慣というのかけっこうおかわりまでします。

七草といっても、近ごろではとても本来の七草はそろいません。そこで青菜であればいいんだからと、こだわらずにいろんな青菜を使います。

お正月でごちそうを食べすぎたあとに、胃の休養とおそうじの意味で考えられたものでしょうか。それに、おせちというのはどうしても緑の野菜が不足するので、昔の人はその点も考えたのかもしれませんね。

ただ、私たちが現在一月七日に七草がゆを作ろうとすると、もし近くに野原があったとしてもまだ芽が出ていないものが多いでしょう。

大根葉やかぶの葉ならたいてい手に入るし、野草のどれかが手に入ればそれも加え、あとは現代調七草がゆに仕立ててしまいます。たとえば、ほかには小松菜、ほうれん草、春菊などや、せりのかわりにクレソンでも。種類は多いほどいいにこしたことはないけれど、小人数の家庭で菜っぱ類ばかり何種類も買い込んでもあとで困りますしね。だからそこは適当に。

昔の人の知恵や生活を伝えたい

日本の古い習慣の中にはだんだん失われていくものがありますが、伝えられるものは伝えていきたいなとも思うのです。じみな、昔の人の知恵や生活がしのばれるものを子供に伝えていかないと、きっといつの間にかすたれてしまうでしょう。七草がた

●七草がゆの作り方

材料（４人前） 米１カップ 水５カップ 切りもち２〜３切れ 塩小さじ½ 七草（ありあわせの青菜——小松菜、ほうれん草、春菊などでも）適宜

①米は軽く洗い、５倍量の水を入れて火にかける。最初は中火で、ふいてきたら弱火にし、米がふっくらと柔らかくなるまでことことと炊く。

②炊き上がる寸前に水½カップを足して４つずつに切ったもちを加える。

③ふいてきたら塩を加え、刻んだ七草も加えてふたをし、火を止める。

アクの強い青菜が多い場合は、さっとゆでたものを使ったほうがよい。

すずしろ（大根）

すずな（かぶ）

仏の座（たびらこ）

とえほうれん草やクレソンになったとしても、一月七日には素朴な青菜のおかゆを食べる、こんなことを日々の暮らしの節目として、子供たちとの生活にとり入れていきたいと私は思うのです。

春の七草の撮影＝大貫茂・冨成忠夫

でき上がった七草がゆ。おかずは味がしっかりめについたものを。

摘み草をしてみませんか

摘み草は楽しい！

　春っていいですねえ。よもぎやたんぽぽやつくしんぼうが野原のあちこちにぽっぽっと出はじめたら、どんなに忙しかろうと、睡眠不足で太陽がまぶしかろうと、私は子連れで野っ原へ出かけます。これは子供がまだ小さいころからの習慣。今でも喜々として子供たちはついてきます。

　でもね、みんなとても雑草がきらいらしく、せっかくいろいろな野の草の緑がまだ無事にあるというのに、だれの迷惑にもならない土手の草や、はうようにして生きている道ばたの草まで、情け容赦なく引っこ抜くか、除草剤の雨を降り注ぐのです。ぜんそくを引き起こすといわれるセイタカアワダチ草や、蚊がわーっと舞い上がるほど背たけが伸びた草の大群ならともかく……。

自然を守ることも話しながら

　雑草だって同じ緑の生き物なのに、どうしてこうも嫌う人が多いのでしょうか。よく見るとかれんな花をつけていたりするのに、かわいそうでなりません。雑草の陰には、またそれがなくては生きていけない小さな生き物たちがいます。どうしてもじゃまなら、抜かないで刈りとってほしいのです。抜くと、その草の命は絶えてしまいます。除草剤というのは、姿のまま朽ちさせるのですね。薬をかけられて首をたれ、枯れ葉色に変わり果てた姿には、ほんとに涙が出そうになります。引っこ抜いた後の赤土も同じ。

　私は摘み草をただ楽しむばかりではありません。摘み草に出た小さい野っ原にすわり込んで、この残り少ないたいせつな自然を私たちはどう守っていくかといったことを、アリや名も知らぬ虫たちのそばで子供たちと話すのです。

　よもぎもけっして根っこからは抜きません。摘み草という優しいことばの示すとおり、摘むだけにしています。

●草団子

材料(3〜4人分)　団子（白玉粉1カップ　ぬるま湯½カップ　よもぎ1つかみ）　あずきあん（あずき1カップ　水2カップ　砂糖½カップ　塩少量）　きな粉・砂糖各同量

①よもぎはよく洗い、熱湯で色よくゆで、水に放しておく。かたくしぼってみじん切りにし、すりばちでよくする。

②ボールに白玉粉を入れ、ぬるま湯を加えながら手でよくこねる。①を加えてよく混ぜ合わせる。

③大きめのなべにたっぷりの湯を沸騰させる。②を直径1.5センチぐらいのボール状に丸め、上下から押えて平たくし、まん中を少しくぼませては湯にどんどん入れていく。浮き上がって少しおいたものからすくいとり、水に放す。

④しばらくしたらざるにあげる。

⑤深皿に団子を盛り、あずきあん(後述)や、砂糖を加え混ぜたきな粉をかける。

あずきあん　あずきは洗ってなべに入れ、二倍容量(分量外)の水を加えて火にかける。沸騰したらざるにあけ、なべを洗う。あずきをなべにもどし、分量の水を加えて火にかけ、ときどきアクをすくい捨てながら、あずきが柔らかくなるまでゆでる。砂糖と塩を加えて汁けが少なくなるまで煮る。

子供たちといっしょに摘んできたよもぎで今日は草団子を作りました。

お月見には団子やすすきを供えて

お供えする縁側がなくなった?

この「ママがせんせい」はすべて私の実生活から出たものをやってます。けれども、お月見の月見団子だけは、こんなふうに毎年きちんと作っているかというと、実は「いいえ」なのです。八月の十五夜の月も、九月の十三夜の月も、なんとなく里芋の〝きぬかつぎ〟とゆでた〝枝豆〟と〝すすき〟とを用意する程度で、かんじんの月見団子はおよそ作ったことがありません。

それはなぜか? 答えは二つ。一つは「わアーきれいなお月さま! そうだ、今日は十五夜よ」と、親子で首出しポカーンと見とれる窓はあっても、いわゆる縁側といったものがないからです。昔ならそこにいろいろ秋の実りのものを供えて月見をしたかっこうの場所が、現代の住まいからは消えてしまっているからです。

二つ目は、ほんとうの月見団子は今の子供たちの口に、いやおとなの口にも、たいしておいしいものではないからです。里芋のきぬかつぎや枝豆はおいしいからたびたびゆでるし、すすきも好きなので秋近くなるとお月見でなくてもよく飾ります。ことさらに〝月見団子〟を作らなくても、その時期になると、〝月見団子〟と称して中にあんこの入ったものが売られたりして、ほんとの月見団子よりおいしいのです。

秋には静かに月をめでて

でも今年からお月見には、月見団子もちゃんと作ることにしましょう。そのまま食べてまずかったら少しだけ食べ、あとはみたらし団子にでも焼きつけるといった邪道をやるとしても、昔ながらのお月見をこれからずーっとやることにしようと思います。

なぜなら、冬はお正月、春はおひなさま、夏はたなばたさま、と四季おりおりに自然とともに楽しんでいるのですもの、秋は静かに月をめでようと思います。こうしてちゃんとお供えすると、お月さまとすすきと

●月見団子

団子は普通は上新粉で作りますが、白玉粉と半々にしたほうがおいしいと思います。

ボールに上新粉、白玉粉各100グラムをよく混ぜ、ぬるま湯約3/4カップと砂糖大さじ2を加えてよくこねます。耳たぶぐらいのかたさになるように湯量を加減します。これを直径3センチほどの団子に丸めて30分くらい蒸し上げます。味はこれよりは劣りますがゆでてもかまいません。

旧暦で、八月には一五個、九月には一三個重ねてお供えします。

●きぬかつぎ

なるべく小さめの里芋(子芋)をよく洗って、先端を少し切り落とし、塩少量ふって柔らかくなるまで蒸します。

●枝豆

枝豆は枝つきのまま適当な長さに切って、たっぷりの塩でもみ、柔らかくゆでます。枝を手に持って食べると豆のさやは枝についたまま。子供にはこうすると食べやすいのです。

お供え物のなんという相性のよさ!
お月さまにはやっぱりウサギがいてほしい、なんて話もしながら……。

月見団子にきぬかつぎに枝豆、そしてぶどう、すすきも供えて今宵《こよい》はお月見。

楽しいクリスマス

日本のクリスマスケーキ

いつのころからか日本にもクリスマスがすっかり定着しましたね。

定着といっても、では家族そろって聖夜を祝うために教会へ行こうなどといった家庭はめったになくて、たいていはごちそうを食べ、デコラデコラしたケーキを食べというのが日本のクリスマス。ま、それでもいいですよね。家族そろってワイワイ楽しむのって、子供は大喜びでしょうから。それにサンタクロースも来ることだし……。

日本で最もポピュラーなクリスマスケーキは、バタークリームや生クリームでデコレーションをしたにぎにぎした円形ケーキです。クリスマスだからと、こういうケーキを食べる国って実はあまりないんですって。フランスではまきをかたどったブッシュ・ド・ノエルがポピュラーだし、イギリスでは牛脂を使ったプラムプディング、アメリカではジンジャークッキーかな。

だからといって、日本のケーキがおかしいなんてことぜーんぜんなし。堂々と、にぎにぎしく、デコラデコラと、円形クリスマスケーキを作りましょうよ。これはもうりっぱな日本のクリスマスケーキですもの！

●クリスマスケーキ

材料　直径20㌢前後の丸型1個分

A	卵黄	4個
	砂糖	90㌘
バニラエッセンス・ラム酒		各数滴
	卵白	4個分
	砂糖	大さじ1
B	小麦粉	70㌘
	ココア	大さじ2
	インスタントコーヒー	大さじ1
バター		大さじ1
牛乳		大さじ2
	生クリーム	1½カップ
	粉砂糖	大さじ1½～2
バナナ		2本
砂糖づけチェリー・ひいらぎ		各適宜
飾り用砂糖菓子		適宜

①Bを合わせてふるう。
②ボールにAを入れ、ふんわりと白っぽくなるまであわ立てる。バニラとラム酒を加えて混ぜる。
③別のボールで卵白をかたくあわ立てる。砂糖を加えてあわ立て器でぐるぐるとかき混ぜてあわを均一にする。
④③を②に3～5回に分けて入れてはその都度手早くさっくりと混ぜる。
⑤④に①をふるい入れ、木じゃくしで底からすくい上げるようにしてまんべんなく混ぜる。
⑥バターと牛乳を合わせて火にかけ、バターがとけたら木じゃくしの上を伝わせながら⑤に流し込み、手早く混ぜ合わせる。
⑦油を薄く塗った型に生地を流し入れ、あらかじめ180度に熱しておいた天火の中段で30～40分焼く。竹ぐしで中央を刺してみてなにもついてこなければ焼き上がり。
⑧あら熱がとれたら型から出して網台にのせる。さめたら厚みを2等分する。
⑨生クリームに粉砂糖を加えてとろりと柔らかめにあわ立てる。
⑩⑧の下段の断面に⑨をへらで薄く平均に塗り、ここに7㍉厚さの輪切りにしたバナナを並べ、さらに⑨を塗る。
⑪上段を重ね、上に残りのクリームをたっぷり塗り、側面はたれる感じにし、表面は竹ぐしでぐるぐると年輪状の筋をつける。
⑫ひいらぎ、チェリー、市販の砂糖菓子などを飾る。

◀わが家のクリスマスケーキ。簡単なデコレーションでこんな演出ができます。

Merry

オーブンなしでも鶏のまる揚げ

日本のクリスマスにローストチキンはつきもの。たいていの家庭で作ったり買ったりするのではないかしら。

家庭で作る場合、オーブンがいりますね。でも、なくてもりっぱに鶏一羽の料理ができます。写真にあるように、油で揚げてしまうのです。時間はかかりますが（30分くらい）、オーブンで焼くのに負けない、いやそれよりおいしいという人があるほど、皮がパリッとしていて、なかなかいい味なんです。

この日の意味を語り合うのも

うちの子供たちもクリスマスが大好き。ちゃんと教会へも参ります。

せっかくのクリスマスですもの、やっぱりごちそうやケーキを食べるだけでなく、クリスマスの意味を子供たちと語り合うのがほんとうでしょうね。食後はクリスマスのことを書いた本でも読んで静かに過ごすというのもいいでしょう。きれいな本がいっぱい出ていますから。

『クリスマス・クリスマス』
ポプラ社刊

『こうさぎたちのクリスマス』
佑学社刊（絶版）

鶏のまる揚げ。ゆっくり時間をかけ、食卓での子供たちの笑顔を思い浮かべながら作ってみたい。

●鶏のまる揚げ

材料　鶏1羽　レモンの輪切り1個分　にんにく・しょうが各1片　酒・しょうゆ各大さじ5　揚げ油適宜

①鶏は外側もおなかの中もきれいに洗って水気をふき、レモンを外側にもおなかの中にも、こすりつける。

②大きなボールににんにくとしょうがをおろして入れ、しょうゆと酒も混ぜ、そこへ鶏を返したり、手でペタペタ調味料をこすりつけたりし、味をなじませる。

③おなかの汁気をよくきり、内臓を出した口を皮でかぶせるように、金ぐしで止める。足や手羽も形よくまとめて、たこ糸でしばるか金ぐしでしっかり止める。

④中華鍋に油を入れて熱する。揚げる温度は150度くらい。はしを入れたらはしから少しプツプツ泡が出てくる程度の熱さ。

⑤ペーパータオルかふきんで鶏の汁気をおさえ、そっと鍋に入れる。

⑥時々玉じゃくしで油をすくって鶏にかけてあげる。鶏を返すことができたら返す。

⑦だんだん良い色になって30分～それ以上たったらくしを刺してみて、濁った汁が全く出なくなったらでき上がり。

⑧引き上げる直前に、いったん火をバァッと強くして、からっと揚げるのがこつ。

付け合わせ…ゆでグリンピース　じゃがいものポテトフライ　にんじんグラッセ

“平和”あっての子供たち

平和あってこそ

ある日
音楽会に行きました
子どもを連れていきました
歌の中に戦争を
テーマにしたのがありました
休憩時間に一〇歳の
娘のまりこが聞きました
「ママもし戦争になったらね
パパ、戦争に行っちゃうの」
「今すぐたぶん戦争は
起こらないと思うから
もし戦争が起こっても
パパはそのころ年をとり
行かずにすむと思うけど」
無邪気なまりこは顔中が
笑顔だらけになりました
「ああよかったァ　よかったァ」
「でもね　まりちゃん　そのころは
ケンちゃん大きくなっていて
ケンちゃん
とられちゃうかもしんないね」

今まで気づかずにいたことが
このときふいと口に出て
いった私がはっとして
胸締めつけられる思いがし
そっとまりこを見てみると
みるみる暗い顔になり
返事もせずにうつむいた

「ぼくちゃん
ちょいと　トイレです」
元気にさっき出ていった
ひょうきん者の弟は
まりこと一歳違うだけ
まりこのほほにひとしずく
涙がツーと落ちました

あのとき思わず出たことば
以来私は不安です
まさかと思う戦争が
もし起こったらどうしよう
いやだ　いやだそれだけは
だれが渡してやるものか
私の愛する息子です

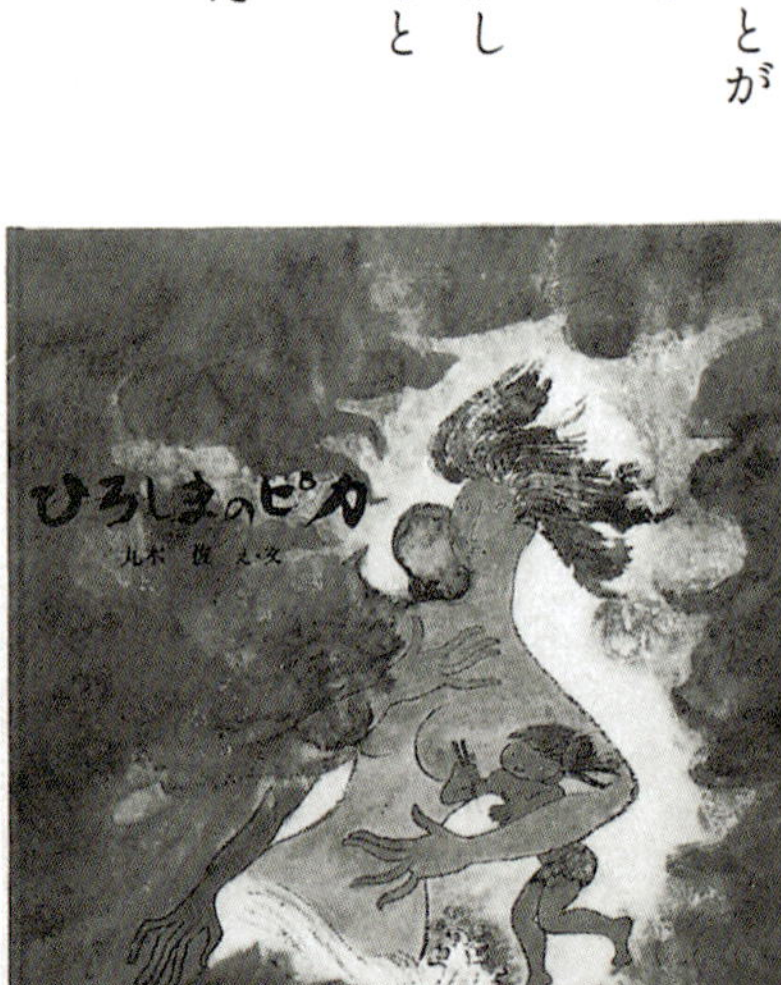

私のかわいい子どもたち
だれが死なせてなるものか

この世でいちばんきらいな人は
戦争しようと思う人
上野の森に住んでいた
動物園のゾウやトラ
ヒョウやライオン、戦災で
もし逃げ出したら危険だと
餓死や毒殺命じた人に
愛のかけらはなかったか
おなかをすかせたゾウたちが
ふらふらする足ふんばって
えさをほしさに芸をする
その哀れさを読んだとき
本を伏せて泣きました

食べたいものが食べられて
愛する人や生き物と
いっしょの暮らしを守りたい
戦う武器を作るなら
世界の中の飢えし人
飢えた子どもに食べ物を
やせ細ってしわのみの
乳房にすがる赤ちゃんに
ミルクを送ってくださいな

「いただきまーす」
「ごちそうさま！」
今日も日本は平和です
口いっぱいにほおばった
子どもの笑顔がありました
今も世界のあちこちで
おとなが起こした戦争で
傷つき飢える子がいます
からだ中が火ぶくれで
泣き叫ぶ子がいます

あなたに子どもがあるのなら
どんなものより戦争を
忌みきらってほしいです
平和あっての食べ物ばなし
平和あっての子どもたち
平和を守るそのことが
子どもを守ることだから

『おかあちゃんごめんね』草土文化刊（絶版）
『風が吹くとき』あすなろ書房刊
『ガラスのうさぎ』金の星社刊
『かわいそうなぞう』金の星社刊
『戦火のなかの子どもたち』岩崎書店刊
『ちいちゃんのかげおくり』あかね書房刊
『絵本東京大空襲』理論社刊
『ひろしまのピカ』小峰書店刊

「早くしなさい！」という前に

いつもせきたてられる子供たち

日本の母親が子供に毎日いうことばで最も多いものはなにかご存知ですか。

「早くしなさい」なんですってね。

そうだろう、そうだろうって、身に覚えあるゆえ、私も大いにうなずくところです。

なんだかいつもせきたてられている子供たち……。親もなぜかそう。どうしてこうみんな忙しくなったのでしょうね。一日の中の会話がこんなせわしないことばで始まり、終わるのだとしたら、〝ママがせんせい〟なんて、のんびりしたことは、ちょっとむつかしい。

今、うちの子供たちが台所をチョコマカしたり、食卓でパクパクおいしそうに食べるのを見た人は、

「お手伝いができて大助かりですね」とか、「なんでもよく食べて楽ですねえ」といってくださる。

でもね、助かる、楽、といえるまでになるには、実は私の心の中の相当なせっかちさを、じっと押える期間があってのこと。

お茶わんひとつ洗うのも、今でこそ助かっていますが、小さいときの、なんでも手を出したがり屋のころなんて、なまじやってくれないほうが助かります。床はビショビショ、あちこちに水しぶき、ときにはガッチャーン。親がひとりでサッサとやったほうが、よほど手早くできるものですが、好ききらいもなく、毎日楽しげに食事をするのは、小さいころから台所を出たり入ったりして、食べ物とのつきあい方が深かったことと、大きくかかわりがあると思うのです。

せっかちで働き者の母親には、小さい子のモタモタぶりはきっといらいらすることでしょう。「早くしなさい！」を多発する人には、

子供のスローモーぶりやわいわいガヤガヤが、がまんできないのかもしれません。

でき上がったときの顔がすばらしい

忙しいときの台所に、

「ママ、雪卵作るからガス一つ使わせてね」

小学校六年の娘が、得意デザートを今日も作りたがって台所へ入ってきました。

「あっ、ボクもなにか作る……」

と一歳下の息子まで。

正直いって〝迷惑千万〟なときもあるんですね。でも、そこをぐっとがまんして（ほんとうに困るときははっきりいうこともたいせつ）おくとデザートのときはやっぱり楽しいし、なにより作った本人たちの顔つきがまことによろしい。勉強で疲れ果てた顔より、こういう顔をすることが多いほうが、私にはいいのです。


いつごろから母親たちはこうも〝せっかちことば〟を乱発するようになったのでしょう。世の中が便利になって、なにもかもスピードアップされるにつれて、ほんとうならそこでゆとりが生まれるはずなのに、ゆとりができたら今度はそのゆとりをいかに使うかということになって、とにかく忙しい。

子供との暮らしなんて、考えてみれば短いもの。小さい、小さいと思っていた子がまたたく間に大きくなって、親の手元から離れて

いきます。あとでゆっくり……なんて、とり返しがつかないのが子供とのかかわり。
　感性豊かな人間に育ってほしいと思うなら、親自身がそうでありたいし、それらが育つ要素は、朝起きて食事をしてという日常のくり返しの中にいっぱいあると思います。
　暮らしを、子とともに大事にしていくということは、「早くしなさい！」ということより、実はむつかしいのです。

宿題を希望する母親たち

　娘の小学校でこんな話を聞きました。

「学校から帰って宿題がないときや、あっても少ないとき、すぐにすませてしまうと、もうダラダラと遊んでばかり。できるだけそういう時間を作りたくないので、もっと宿題を出してほしいと思います。そうでないとなにかボヤーッとしたり、テレビを見たり漫画を読んだりして遊んでばかり。だから学校から帰って夜寝るまで、できるだけそういう時間を持たないために、いろいろやることがあって、時間がつまっているというようにしてやりたいのですが……」

　こういう希望を述べる母親のことばに、フムフムとうなずく母親多し。

　なんと、まめまめしい母親がふえたのでしょう。子供にやらせることなんて、宿題以外にいっぱいあるではありませんか。私なんか子供にもっと時間がほしいです。もっともっと遊ばせたいし、もっともっとやらせてやりたいことがいっぱい。けれども、もっと宿題を、なんて思ったことがないというのは、現代の親としては失格なのかな……。

　海綿のような軟らかい頭を持っている時期はあんまり長くないんですもの。そんなときに、勉強だけを子供の軟らかい頭と心にしみ込ませては、おとなになったとき、生活感のない、あまり魅力もない人間に育ちそう。

なぜ男の子に家庭科は不要なの

　生活に即したさまざまなことに驚きと興味と関心を持った子供なら、おとなになったとき、なにかどこかが違うと思うんです。現代の親なら、奥さんが病気になっても食事のしたくひとつできないという情けない夫に、息子を仕上げてはならないと思います。でも、まだまだ多いんですね。これが……

　夏休み、小学校五年生になると、娘や息子に運針の宿題が出ました。最低一日一本ということで、夏休みが終わるころは約四十五本。女の子にも男の子にも平等に出たのです。すると、娘のクラスでも息子のクラスでも、「こんなもん、なんで男の子に必要か」と疑問視する母親がなん人もいました。女である人が男女の差別感を今だにふんぷんさせながら次代のおとなを育てているなんて、ほんとうに情けない。むしろ家で教えることなのに……。

　針を持つことは、今ではボタンがとれた、どこかがほころびたという程度の必需品でしかないかもしれません。たかだかそんなこと

くらいも、女の手を借りなければできないオトコを今だに作りたがる母親たち。

生活にまつわる事柄に男も女もありません。若い母親たちでさえ男女差別の亡霊をひっさげているのだとしたら、せめて学校ではと思っていたのに、六年生になったとたん、女の子には運針の宿題が一日二本になり、男の子には代わりに木工の宿題。小学校のうちは家庭科は男女共修のはずなのに、これはなんとしたことでしょう。このことにもの申す人間は、今のところクラスで私ひとりくらい。

娘のクラスのM君は五年生のとき、運針がクラス一のじょうずさでした。小さいころから乗馬を習っているというM君が、運針ではクラス一なんてすてきではありませんか。木工の好きな女の子もあれば縫い物が得意な男の子もあり。それを小学生のうちから、どうして木工好きは男っぽくなり、縫い物好きは女々しくなると考えるのでしょうね。

母親が子供に教えていくこと

家庭科は生活科。高校生に至るまで男女共修が望ましいのに、これをあと押しする親は皆無に等しいのです。生活感に乏しい男性こそ、男らしくてすばらしいとでも思っているのでしょうか。親が持つ男女の差別感は、脈脈と子に継がれてゆくでしょう。そのための教師として母親があっては、けっしてならないと思います。ママは生活科のりっぱなせんせい（ほんとはパパも）なのです。

「早くしなさい！」という前に、ゆっくりでもいいからやらせたいこと、やってやりたいことのいくつかを、私と子供の生活の中からお伝えしました。男の子にも、女の子にも、そして若いおかあさんにも、やってほしいこと、考えてほしいことが、台所には毎日満ちあふれているのです。

おわりに

この本の撮影はすべてわが家でやりました。小さい子供の手は娘と息子の手です。

本のための撮影、本のためのモデルとしてというより、わが家のありのまま、うちの子供たちのありのままが出ています。

うちの子供たちは年子です。ハイハイのころから台所へ入り込んできました。ひとりはヨチヨチと、ひとりはハイハイで。いつもとても楽しそうに……。

台所は親にしてみれば危険に満ち満ちています。火があり、熱いものがあり、包丁があり、こわれやすいものがあり……と。だから、台所に小さい子を入らせないための、台所入口にとり付けるサークルまで売られているくらいです。

でも考えてみればもったいない。台所で生み出される数々のことは、おとなにとっては日常的な、生活的なことにすぎないけれど、子供にとっては驚きや好奇心に満ちた魔法の国です。

かたい卵を割ると中身はニョロリのものが出てきたり、野菜をゆでたり煮たりしたら色変わりしていくさまなんて、子供がおもしろがらないわけがありません。

そこで、エイ、ママが先生だ、と腹をくくることにしました。人生の師にはいずれりっぱな人に出会うだろう。ママは毎日食事を作っているのだから台所と食卓の先生。先生ほど偉くはないから、まあひらがなのせ・ん・せ・い程度かな。

このせんせいと生徒は、かなり楽しみながら気楽にやっています。でも、きっと、知らず知らずのうちに子供たちの身についていくものがあるでしょう。

食べ物が、ただ生きていくためのものだけであるなら、食事マシーンさえあれば子供は育ちます。ひとりぼっちで食べようと、インスタントものばかり食べようと、食べさえすれば生きていけるでしょう。

でも、〝食べる〟ということは、けっしてそれだけではない不思議さをなぜか持っています。そんな思いがこの本から伝わっていくことを願っています。

前に『いただきま〜す』『ママおかわりっ』の二冊をやはり女子栄養大学出版部から出しました。この『ママがせんせい』とともに、三部作として読んでいただけたらどんなにうれしいことでしょう。

うちのまりこと健太郎がすっかりなついてしまったカメラマンの高田隆さん、ほのぼのとしたカットをかいてくださった林恭三さん、そして雑誌『栄養と料理』での二年間の連載を担当してくださった三保谷智子さん、単行本化にあたり担当された深澤章さんに、心から感謝いたします。

昭和五八年秋

小林カツ代

復刊によせて

母が亡くなってもうすぐ5年。いまだにこのような昔の本を復刊することを希望して下さる方々がいて、また日の目を見ることができたことを大変感謝しています。

この本は、小林家の日常が詰まった本です（ですので、この本の写真では母の手に結婚指輪が写っています。現代では調理写真に指輪は御法度ですが、当時はゆるい時代でしたので…お目こぼしください）。私たち姉弟は、本当に小さい頃から台所に入り、さやえんどうの筋を取ったり、食事のセッティングや食後の洗い物等をしました。ご飯を炊くのももちろん子ども達の仕事で、学校から帰ったらお米を研いでキッチンタイマーを首から下げて遊びに行き、浸水時間のタイマーが鳴ったら一度帰って、炊飯器のスイッチオン！再度タイマーをかけて外へ出かけ、次に鳴ったらまた帰って、炊き立てのお米をほぐす、という、やたら出たり入ったりのせわしない遊び方でした。それらのことは、本当にごく自然に身に付き、ごく自然に割り振られた仕事でした。

ただ、この台所学校は、自分が親になってみると、とてつもなく大変で面倒なことだということが分かりました。踏み台に乗るような小さな子にお米を研がせる、という作業一つとっても、明らかに大人が自分でやる方が簡単です。母は割とせっかちで短気な性格でしたので、よくあんな小さい子にさせたなあ！と感心してしまいます。

私の母はかなり多めの愛で、私たちを育ててくれました。この本では、そんな母の愛が端々に表れています。こんなにも大事に育ててくれた母に、私自身の子育てを見てもらえなかったことは残念でなりません。でもきっと母のことですから、天国から見ていて絶賛してくれることでしょう。なんでもないことも、とにかく褒めてくれた母ですから。

二〇一八年十一月

石原 まりこ

編集協力…………本田明子（本田明子キッチンオフィス）

ママがせんせい

食べてほしいもの・守ってほしいこと

2018年11月30日　初版発行

著者…………小林カツ代

発行者………香川明夫
発行所………女子栄養大学出版部
〒170-8481　東京都豊島区駒込3-24-3
発売所………株式会社復刊ドットコム
〒141-8204　東京都品川区上大崎3-1-1　目黒セントラルスクエア　電話03-6800-4460（代）　http://www.fukkan.com/

装幀…………橋本有希子
印刷・製本…大日本印刷株式会社

ISBN978-4-8354-5614-0　C5077　Printed in Japan

※本書は、1983年刊『ママがせんせい　食べてほしいもの・守ってほしいこと』を増補改訂し復刊したものです。